vorwärts | buch

ZUR FREIHEIT
Ein linksliberales Manifest

Oliver Schmolke

vorwärts | buch

ISBN 978-3-86602-756-5

No home – Vorweg eine Warnung an die Schwärmer

Bob Dylan war, als er mit „Freewheelin`" 1962 debütierte, auf Anhieb der Hymnenmeister einer westlichen Gesellschaft, der – nach all der blasiert zur Schau gestellten Saturiertheit der Nachkriegsjahre – der Bauch zu knurren begann vor Emanzipationshunger. Ob er die Zeitenwende besang, in der die etablierten Autoritäten zugeben müssten, dass ihnen das Wasser bis zum Hals stehe; ob er sarkastisch ätzend Drogenrausch und Mobattacken in eins setzte und rief *„Everybody must get stoned"*; ob es gegen den Rassismus, gegen die Kriegsherren oder einfach um ungebundene Liebe ging: Dylan speiste die Hungrigen mit einem Lebensgefühl der Freiheit. Es war der Elan vital der neuen Linken, die in ihren goldenen 60er Jahren daran ging, aus der Randexistenz auszubrechen. Mit Klugheit und Ironie stellte sie die gesinnungsschnüffelnden Feindbilder des Antikommunismus bloß, überwand die Hürden des Vorurteils, die sie von der bürgerlichen Mehrheit trennte, wurde gesellschaftsfähig und nahm Anlauf zu erobern, was neue linke Theorie dann zunehmend präpotent „kulturelle Hegemonie" nannte.[1] Als aber diese Verbundenheit mit dem wachsenden Mehrheitsbedürfnis eines sich wandelnden Bürgertums tatsächlich Gestalt annahm, brauchte es gar keinen begrifflichen Überbau. Das Selbstbewusstsein einer neuen politischen Generation war direkt erfahrbar. Wer für die Befreiung aus unwürdigen Bindungen stand, wer gegen die von Familie und Kirche vorgegebenen Lebenspläne, die arrangierten Ehen, die

1 In der Auseinandersetzung mit den „Gefängnisheften" des 1937 gestorbenen italienischen Kommunisten Antonio Gramsci, der in faschistischer Haft eine Theorie intellektueller und moralischer Führung entwickelte, die nicht auf Zwang, sondern auf Zustimmung und Konsens beruht. Die Hefte erschienen ab 1948 im italienischen Original und 1967 erstmals auszugsweise auf Deutsch.

vom Vater bestimmten Berufe, wer gegen das ganze soziale Lügengewebe des bigotten Konservatismus protestierte, wer die spätkoloniale Unterdrückung indigener Völker oder die Komplizenschaft des Westens mit faschistischen Militärdiktaturen kritisierte, der wurde Tag für Tag mehr aufgeklärtes Bürgertum und fortschrittliche Mitte der Gesellschaft.

Bob Dylan schien als kompromisslose Künstlerexistenz ganz Freiheit zu sein und wurde darin Idol: Er änderte seinen Namen, um der mediokren Welt des Elternhauses zu entkommen und mit dem verehrten Dylan Thomas Verwandtschaft zu begründen. Er machte seine Lieder, ohne damit irgendeiner anderen Sache erkennbar dienen zu wollen als dem Ausdruck seiner Lebenshaltung. Er war weder treu noch beständig, als Partner wie als Musiker, änderte seinen Stil, wenn er sich selbst als konventionell empfand, lies die Mundharmonika der ersten Folk-Balladen sausen, schockierte mit dem legendären Griff zur schroffen E-Gitarre, nahm später die süßliche E-Geige, ironisierte, provozierte, elaborierte und experimentierte, rauchte Kette, war unansprechbares Nervenbündel, schlief wenig, tourte bis zur Erschöpfung und zog zwischen Woodstock und Village hin und her. Im Juni 1965 erschien die Dylan-Single „Like A Rolling Stone". Der lange Song des 24-Jährigen klingt wie eine Mahnung an die Kinder aus gutem Hause, die keine Ahnung haben, wie sich ein Leben ohne Bindung und Sicherheit anfühlt. *„How does it feel / To be on your own / With no direction home / A complete unknown …"* Es war das Versprechen des Dylan'schen Befreiungsimpulses, aber verkehrt in Verunsicherung und Zweifel. *„When you ain't got nothin', you got nothin' to lose"* klang hier nicht mehr verheißungsvoll, sondern bedrohlich. So als hätte das Idol eines widerspenstigen Lebens, das sich nirgends einfügt und keiner Autorität folgt, vor den Folgen seiner eigenen Botschaft gewarnt. Wohlfeile Schwärmerei lag ihm offenbar nicht, und vielleicht wollte er sich gegen die Idolisierung seiner selbst wehren. Dylan rührte an die Kehrseite der Autonomie. Er deutete die Verzweiflung an, wenn erst der Rubikon überschritten und der Rückweg abgeschnitten ist. „*No direction home*“, kein Zuhause und keine Heimat, vielleicht auch kein Halt mehr. Der größte Stolz des emanzipierten Menschen begründet zugleich seine tiefste Verletzlichkeit: Diese Dialektik der Gefühle zu kennen, gehört zur Selbstaufklärung der Mündigen.

Die stärkste Emotion der Freiheit liegt im ersehnten Moment der Ablösung. Der Ausgang aus der Unfreiheit bestimmt den Traum der Emanzipation. Das hat etwas Irreales und entfesselt zugleich die größte Leidenschaft. Selbst wo unter den Bedingungen der Diktatur das Risiko der Befreiung groß und der Erfolg ungewiss ist, bleibt die Klarheit des Ziels ungetrübt. Der Augenblick aber, der den Wunsch erfüllt, zerstört auch den Traum. Was Freiheit ist, heißt es paradox, empfinden diejenigen am stärksten, denen sie am meisten fehlt. Denn gegen die Intensität der unerfüllten Sehnsucht schmeckt der Erfolg eher fade, und er wird anstrengend. Das ist sein Preis. Wer befreit ist, muss selbst handeln. Er muss nun selbst das Ziel bestimmen. Rasch verirrt er sich in Richtungslosigkeit, oft fällt er in Einsamkeit. Denn es ist leichter, sich aufzulehnen und loszusagen, als mit den gewonnenen Möglichkeiten etwas anzufangen. Wer frei ist, Auflehnung aber als Geste fortsetzt, will von der Träumerei nicht lassen. Der Mensch in einer Revolte, die keinen Gegner mehr hat, ist eine kindische, lächerliche – oder eine fürchterliche Figur, die sich ihre Feinde selbst erschafft.[2] Anders als der kurze Moment der Befreiung braucht die Freiheit zum Gelingen auf Dauer etwas anderes als den romantisierenden Protest.

Die großen Erwartungen sind eine Falle. Zur historischen Erfahrung der Freiheitsrevolutionen, der Jugendrevolten und

2 Albert Camus: Der Mensch in der Revolte (1951). Hamburg 1990, entwirft den Existenzialismus des revoltierenden Menschen als eine große Momentaufnahme, die ganz der Zäsur zwischen Erdulden und Auflehnen gewidmet ist. Was nach der geglückten Auflehnung geschieht, bleibt außen vor und muss es bleiben, da, so Camus, die Bewegung der Revolte an ihrem Ursprung abbreche. Die Spartakusarmee zerfällt, als sie keine neue Ordnung begründet. Die permanente Revolte, die Camus am Beispiel Saint-Just vorführt, braucht immer neue Gegner und endet im Terror.

der politischen Neuanfänge gehört die große Enttäuschung. Das alle verbindende Ziel ist erreicht, die Bastille gestürmt, das Regime gestürzt, die Mauer gefallen, die Zensur fort, die Autoritäten sind der Lächerlichkeit preisgegeben, eine neue politische Mehrheit ist errungen, die Wege öffnen sich, alles kann ungehindert gesagt werden, alles erscheint möglich – und doch folgt auf den Rausch der Kater. Denn die neuen Ziele sind unklar und umstritten. Die zuerst einheitliche Bewegung der Revolte spaltet sich in Lager, Gruppen, Subgruppen, ideologisierende Sektierer hier, eskapistische Esoteriker und Dauerprotestler dort, dazwischen viele demoralisierte Aktivisten a.D., die sich mit großer Enttäuschungsgeste ins kleine private Glück zurückziehen. Das alles ist aus der Geschichte immer wieder herauszulesen, und es ereignete sich zum Ende der 1960er-Jahre in der neuen Linken des Westens ebenso wie nach 1989 mit der ostdeutschen Bürgerbewegung. Je erfolgreicher sie sich politisch durchsetzten, desto zahlreicher ihre Fraktionen, je offener und verständnisvoller die Repräsentanten etablierter Institutionen auf die Herausforderung reagierten, desto härter die weltanschauliche Verschanzung derer, die sich ihre Dissidenz nicht nehmen lassen wollten. Die Bewegung zerfällt mit derselben Dynamik mit der sie erfolgreich war. Erfolg und Zerfall geschehen im selben Moment.

Für die politische Linke folgt daraus die Frage, warum sie die „kulturelle Hegemonie" verspielte, als sie die besten Voraussetzungen hatte, sie zu gewinnen. Für jeden Liberalen aber, ob links oder nicht, drängt sich die größere Frage auf, ob der Impuls zur Freiheit eine einzige Enttäuschungsgeschichte ist und sein muss. Die erste dieser Fragen ist vergleichsweise leicht zu beantworten. Es war der Irrsinn der Ideologisierung, der mit dem Verlust an meinungsbildender Kraft einherging. Dafür lassen sich unzählige Beispiele anführen. An den westdeutschen Universitäten, die sich schon längst für die kritischen Geistes- und Sozialwissenschaften geöffnet hatten,, begannen die politisierten Studenten das Spiel mit der Gewalt. Gewalt als Gruppendruck zur Intoleranz – gegen die, die sich politischen Kundgebungen entzogen oder ihre Zeit „überkommenen“ Formen widmeten, wie etwa ein klassisches Musikinstrument zu lernen oder „unpolitische“ Poesie zu lesen. Gewalt als intellektuelle Geste der Radikalität – sich nicht einlullen zu lassen in folgenlosen Debatten, sondern die „Aktionen“ und „Taten“ auf der Straße zu rechtfertigen. Gewalt als Sympathie mit den „Verdammten dieser Erde“[3] – die des Blutvergießens bedürften, um sich aus der Unterjochung des Kolonialismus zu erheben. Gewalt als Parole gegen konservative Hochschullehrer – da standen schließlich bei den „Studentenstreiks“ im West-Berlin der 1970er-Jahre die Worte „Hängt ihn auf“ und „Liquidiert ihn“ auf den Plakaten. Ein Spiel war es, soweit diese Gewalt in der Demokratie sprachlich ausgestellt aber kaum vollzogen wurde, soweit sie die bürgerliche Ordnung provozieren sollte, aber kaum gefährden konnte. Doch die Folgen im politischen Bewusstsein waren ernst und tief die Spuren im sozialen Code, dem also, was in Gruppen und Versammlungen mit der Aussicht auf Beifall gesagt, was in Publikationen des linken Spektrums geschrieben werden konnte, ohne Anstoß zu erregen.

Es griff um sich, was John Stuart Mill schon an den Gesellschaftsreformern des viktorianischen Zeitalters erkannte: die „soziale Tyrannei“ der Besserwisser, die andere zu ihrem Glück zwingen wollen und deren theoretisierender Hochmut praktische Lebenserfahrungen und alltägliche Bedürfnisse denunziert. So begann man die Verhältnisse zu verbiegen. Aus dem freien Willen wurde das falsche Bewusstsein. Aus Unter-

3 Frantz Fanon: Die Verdammten dieser Erde (1961). Frankfurt/Main 1966, rechtfertigte vor dem Hintergrund des algerischen Unabhängigkeitskrieges die Gewalt der nationalen Befreiungsbewegungen. Jean-Paul Sartre verhöhnte in seinem Vorwort die Linksliberalen Europas, die mit Entsetzen auf das Blutvergießen schauten. Er bejahte das unterschiedslose Morden auch an Zivilisten. Fanon sei seit Friedrich Engels der erste, der die Gewalt „als ‚Geburtshelferin der Geschichte' wieder ins rechte Licht setzt“. (S. 12) Einen „Europäer erschlagen heißt zwei Fliegen auf einmal treffen, nämlich gleichzeitig einen Unterdrücker und einen Unterdrückten aus der Welt schaffen. Was übrig bleibt, ist ein toter Mensch und ein freier Mensch.“ (S. 18)

drückung wurde Fortschritt, wenn die Apparatschiks nur den kommunistischen Jargon beherrschten. Die Linke verlor den Willen und vielleicht sogar die Fähigkeit zur Unterscheidung zwischen Demokratie und Diktatur. Sie verlor die Wertschätzung für die freie Rede, die sie im Konflikt mit Individualisten, Ästhetizisten, Störenfrieden jeder Art nicht mehr verteidigte. Wenn heute ein religionsextremistisch aufgeputschter Mob mit Morddrohungen gegen Schriftsteller oder Karikaturisten auftritt, müsste jeder Instinkt der Linken bei der Meinungsfreiheit sein. Er ist es aber nicht. Die politische Linke verteufelte die liberale Kultur und unterzog sich einem Autoexorzismus. Freiheit war ihr eigener glühender Wertekern. Wo er erlosch, blieb der Linken vom stolzen Anspruch auf „kulturelle Hegemonie“ nichts als eine kraftlose Theorieübung.

Die geschilderte Mischung aus Intoleranz und Chaospotenzial stieß die gerade gewonnene bürgerliche Mitte wieder ab. Das Bedürfnis nach Normalität und Ordnung war schließlich stärker als die Bereitschaft zur geduldigen Beteiligung an quälenden Selbstfindungsprozessen oder Indoktrinationsexerzitien. Der liberale Teil des Bürgertums floh dem konservativen – zu dessen Erstaunen – in die Arme und reanimierte, was schon tot geglaubt war. Vorher ging man Demonstrieren, jetzt lieber ins Geschichtsmuseum. Das war im Verlauf der 1970er-Jahre die Restauration in den westlichen Demokratien, von der aus die alten Förmlichkeiten, konventionellen Familienmodelle, Religionen, nationalen Traditionen und Hierarchien einen neuen Charme bekamen. Ein Echo deutscher Geschichte im kleineren Resonanzkörper der Bundesrepublik: Denn im 19. Jahrhundert hatten Liberale schon einmal die politische Freiheit verraten. Der Liberalismus floh die Politik, mied die Kultur und widmete sich nun dem Geschäft. Die neoliberale Entfesselung der Wirtschaftssubjekte löste die linksliberale Emanzipation der Bürgerinnen und Bürger ab.

Die zweite und bedeutendere Frage ist damit nicht beantwortet: ob der Zyklus von großen Erwartungen und schweren Enttäuschungen die anthropologische Konstante jeder Freiheitsbewegung ist. Zunächst lehren die schlechten Erfahrungen, dass der libertären Schwärmerei die Strafe der konservativen Tendenzwende auf dem Fuße folgt. Die Auflehnung gegen Diktatur, Tradition oder Bürokratie wappnet noch niemanden für die Zeit, da der Gegner überwunden ist. Der Traum der permanenten Revolte wiederum ist eine dunkle Illusion. In der Realität führt die Überanstrengung utopischer Energien in politische Zersplitterung, Erschöpfung und Isolation, letztlich in die Rückkehr autoritärer Ideen, die der drohenden Anomie begegnen wollen. Und damit sind die schweren Probleme der wirtschaftsliberalen Zügellosigkeit, die sich nach 1989 des Freiheitsbegriffs bemächtigte, noch gar nicht wirklich berührt. Wer hier schlichten Gemüts die freie Entfaltung beschwört, wird unter den heutigen Bedingungen der Eigentumskonzentration die Verschleierung großer ökonomischer Macht betreiben, die sich allen begrenzenden und ausgleichenden Regeln entziehen will.

Nach den Erfahrungen mit den neuesten Krisen des Finanzkapitalismus zu Beginn des 21. Jahrhunderts schließt sich auch auf den liberalisierten Märkten der Zyklus von überzogener Verheißung und bitterer Enttäuschung. Wieder ist es die drohende Anomie, die das Bürgertum erschreckt und nach dem Staat als Ordnungsmacht rufen lässt. Vergessen ist noch nicht: Zum Repertoire des Marktradikalismus gehören rhetorische Provokationen gegen gemeinwohlorientierte Moral, kaum verbrämter Sozialdarwinismus, komplex organisierte Kriminalität, serielle Rechtsbrüche, kollabierende Finanzsysteme und verschuldete Staatshaushalte am Gängelband des Kapitals. Wohin sich der Liberalismus nach diesem neuen kostspieligen Bankrott noch wenden kann, ist ungewiss. Er hat nicht zum ersten Mal seinen Kredit verloren und sein Renommee eingebüßt. Er ist, zumindest in Deutschland, wieder heimatlos. Einstweilen will sich hier niemand mehr liberal schimpfen lassen.

Freiheit ist ein verführerischer Begriff, scheinbar leicht und verständlich, anziehend und selbsterklärend, aber wie kaum ein anderes politisches Konzept auch von Ambivalenzen und Fallstricken umgeben. Deshalb ist die verbreitete Skepsis berechtigt, die der naiven Rede über die Freiheit heute überall begegnet. Es reicht aber nicht, die Achseln zu zucken und abzuwinken. Die Sache, um die es geht, hat einen so hohen Rang für das Selbstbild der Moderne, dass man ihr auf den Grund gehen muss: Die Idee der Freiheit ist in der Krise. Die Linke hat sie preisgegeben. Die Konservativen werfen, was sie nach 1989 schick fanden, neuerdings weg wie einen Lumpen. Aber auch die Neoliberalen verlieren jetzt die bürgerliche Mitte. Die politischen Lager wenden sich von links wie rechts wieder dem Staat zu, um die Kontrolle über soziale und wirtschaftliche Prozesse zu behaupten, – oder eben den technokratischen Staatssurrogaten auf internationaler Ebene: den von nationalen Steuerzahlern bezahlten und besicherten Währungsfonds, Finanzsicherungsmechanismen oder Zentralbanken, die große Risiken eingehen und sich vom demokratischen Souverän entfernen. Wer mit dem Griff nach solchen Apparaten die Märkte besiegen will, der muss wissen: Auf der anderen Seite der antiliberalen Münze steht die Schwäche der Demokratie. Die Verstärkung von exekutiver Kontrollmacht, das lässt die Forderung nach dem „Primat der Politik" zuweilen vergessen, ist noch lange keine Demokratie.

Allen zerbrochenen Träumen und enttäuschten Erwartungen zum Trotz bleibt das Versprechen der Emanzipation politisch aktuell. Denn der Mensch will sich nicht klein machen lassen. Die Hymnen Bob Dylans stehen unter Nostalgieverdacht. Der Fall der Mauer entrückt in die Geschichtsbücher. Die demokratische Renaissance Osteuropas droht als Erfahrung historischen Fortschritts unter dem Unglück einer Selbstbereicherungsoligarchie, die nationale Ressentiments schürt, verschüttet zu werden. Seit drei Jahren erfasst nun die Krise des freiheitlichen europäischen Einigungsmodells auch den politischen Kern der EU. Den verarmenden Schichten und arbeitslosen Jugendlichen der Euroländer gelten nicht mehr Aufbruch und Aufbau als Signum Europas, sondern ein Austeritätsdiktat, das in Rezession und noch höhere Verschuldung führt. Die Politiker des Neoliberalismus scheinen im Strudel der finanzmarktgetriebenen Schuldenkrise den Kampf um die Kürzung von öffentlichen Ausgaben wie das bittere letzte Gefecht einer Ideologie zu führen, über die sie selbst schon verunsichert sind. Hier aber glauben sie noch einmal Recht zu haben! Und wie überbieten sie sich im giftigen Ressentiment gegen verschuldete Länder. Auch das trägt bei den Verlierern der Finanzmarktkrise nun jeden Tag mehr zur Verachtung einer hohlen Freiheitsparole bei, von der sich nichts kaufen kann, wer nichts mehr hat. So geht eine große europäische Idee vor die Hunde. Europa ringt nicht nur um seine Währung, sondern um sein Selbstbewusstsein als ein verheißungsvolles Zukunftsmodell der Globalisierung.

Dennoch: Freiheit ist – ebenbürtig mit Gerechtigkeit – der elementarste der politischen Werte. Warum, das wird in diesem Essay zu entwickeln sein. Zum Auftakt soll eine These genügen: Der Impuls zur Freiheit vereint in sich im gleichen Rang wie das Streben nach Gerechtigkeit die größten der auf die öffentliche Sache gerichteten Leidenschaften. Beide bilden das Geschwisterpaar der Aufklärung, von dem sich keine egalitäre Demokratie entfremden darf. In den programmatischen Traditionen unserer Volksparteien hat sich als fernes Echo der Französischen Revolution eine dritte Grundnorm behauptet: damals Brüderlichkeit, heute Solidarität. In ihr ist die Erfahrung der Entrechteten aufgehoben, die sich nicht auseinanderbringen lassen, sondern mit verbundener Kraft um Gleichstellung kämpfen. Solidarität ist in einer plural beschleunigten Gesellschaft, die noch irgend zusammenhalten soll, der wohl notwendigste Wert. Aber er ist abgeleitet. Er ist ein Mittel, um das gleiche Recht auf gesicherte Freiheit für die Schwachen zu verwirklichen. Solidarität ohne Freiheit wäre anmaßend. Als Zweck in sich selbst käme sie ewig mahnend, moralisierend und einklagend daher. Sie liefe immer Gefahr, den Hilfsbedürftigen wie ein Mündel zu behandeln, das versorgt wird, aber sich zu fügen hat. Sie stünde dem autoritären Gefüge der alten Religionen näher als der Moderne. Mit dem erhobenen Zeigefinger Solidarität einzufordern von den vorbeigehenden Individualisten einer individualisierten Gesellschaft, das kann keiner politischen Bewegung hinreichend Kraft geben, am wenigsten einer aus der Familie der progressiven Demokraten. Nur wer das Geschichtsbild der Aufklärung als, in Hegels Worten, Fortschritt im Bewusstsein der Freiheit bekräftigt, wird „die Bürgerinnen und Bürger" – also uns selbst, wen denn sonst? – begeistern statt befremden und ermüden. Viele Irrungen und Wirrungen der Linken sind aus der Preisgabe der Freiheit und der langen Gegnerschaft zu allem, was liberal anmutet, zu erklären. Der Wiedergewinn der gesellschaftlichen Meinungsführerschaft und der politischen Mehrheitsfähigkeit sozialdemokratischer Parteien wird gelingen, wenn sie das liberale Erbe wieder entdecken und mit aller Entschiedenheit zu ihrer eigenen Sache zu machen verstehen. Genau besehen finden sie damit zu sich selbst zurück.

Wenn der Freiheitswunsch die größte säkulare Verheißung mit dem notorischsten Enttäuschungspotenzial ist, dann allerdings erfordert der scheinbar leichteste Wert die anspruchsvollste Politik. Diese Politik beginnt dort, wo die Revolte abbricht und die Träumer erwachen. Sie stemmt sich dagegen, mit den Illusionen zugleich die Ideale zu erledigen. Aber sie weiß um die Zumutung, den großen Erwartungen ein lebbares Leben und eine beständige Ordnung abzugewinnen. Sie antwortet auf das bürgerliche Unbehagen an der Verwahrlosung des Rechts, sei es dort, wo die Meinungsfreiheit durch das Spiel mit der Gewalt eingeschüchtert wird, wo die neuen, bevölkerungsstarken strategischen Mächte der Globalisierung die liberalen Nationalstaaten marginalisieren, oder sei es dort, wo der Kapitalismus, die Ungleichheit, der Missbrauch öffentlicher Ämter oder die Geringschätzung der Demokratie die Gesellschaften spalten.

Kein Zweifel, der archimedische Punkt in der Kultur der Aufklärung ist unsicher geworden. Die Wertegrundlage schwankt, auf die wir noch gewohnheitsmäßig den Fuß setzen, um politisch Halt zu finden. „Zur Freiheit", der Weckruf der demokratischen Revolutionen seit bald zweieinhalb Jahrhunderten, weist keine selbstverständliche Orientierung mehr. „Zur Freiheit" strebte nicht nur das besitzende Bürgertum, sondern nicht minder die abhängige Arbeiterschaft, als sie vor 150 Jahren die Partei der Sozialdemokratie gründete. Freiheit bleibt die Seele jeder humanen und demokratischen Bewegung. Sie ist heute tief verletzt und droht aus der politischen Sprache zu verschwinden. Sie droht zu dem Gespenst zu werden, gegen das die Enttäuschten und Empörten in Europa zur Hetzjagd rufen. Es geht um das Erbe und um das Selbstbild Europas im 21. Jahrhundert, um das, was die Europäer in sich selbst sehen, und von dem sie wollen, dass es andere in ihnen sehen. Nicht zuletzt geht es um die klaffende Leerstelle in der politischen Kultur Deutschlands, in der links und liberal verfeindet sind. Es geht um einen Neuanfang, der auf die Aufklärung zurückgreift: Freiheit demokratisch und egalitär, nicht marktradikal, sondern sozialliberal. Das ist das Programm.

Freiheit in der Krise

Wir sind alle Bürger geblieben. Die Epoche des Bürgertums, die mit der amerikanischen Unabhängigkeit und der französischen Revolution im 18. Jahrhundert begann, hat sich als das Zeitalter der Moderne schlechthin erwiesen. Sie ist weder verfault noch untergegangen. Die Ablösung der Klasse des „Bourgeois" durch eine revolutionäre Klasse des Arbeiters ist ausgeblieben.

Nicht weil es an Arbeitern und Lumpenproletariern in elenden Verhältnissen gefehlt hätte, sondern weil noch jede Generation in unwürdigen Lebensumständen ihre bessere Zukunft im bürgerlichen Statusgewinn gesehen hat. Das trifft auch und vielleicht besonders zu auf die Frauenbewegung, die das gleiche Wahlrecht der Frauen oder das Recht auf höhere Bildung als Waffen begriff, mit denen sich die Gefängnismauern des Patriarchats brechen und die öffentliche Räume erobern ließen. Es trifft in einer Zeit globaler Wanderungsbewegungen auf die Armutsflüchtlinge zu, die das rettende Ufer des Aufenthaltsrechts zu erreichen versuchen. Rechte zu haben, hat sich als unvergleichlich viel wertvoller erwiesen, wo zum Ersatz nur das „objektive" Bewusstsein eines Klasseninteresses stand, das sich nirgendwo materialisierte und für das sich niemand in Not etwas kaufen konnte.

Wo Marx und Engels im kommunistischen Manifest von 1848 konkret wurden und den „gewaltsamen Umsturz aller bisherigen Gesellschaftsordnung" mittels „despotischer Eingriffe in das Eigentumsrecht" ankündigten, mit „Arbeitszwang" und „Errichtung industrieller Armeen", da klang das nicht sehr verheißungsvoll. Andererseits wurden Forderungen des Manifests wie die „Beseitigung der Fabrikarbeit der Kinder" und ihre „öffentliche und unentgeltliche Erziehung" zum Kernprogramm jeder durchschnittlich fortgeschrittenen

Bürgergesellschaft. Und über die „starke Progressivsteuer" ließ sich auch reden.[4]

Versteht man den Begriff der Revolution in einem progressiven Sinne als Durchbruch zu menschenwürdigeren politischen Ordnungen, so kamen nach den bürgerlichen Revolutionen nur noch Bürgerkriege, Coups d'État und Regressionen in die Gewaltherrschaft. Die Abschaffung des Bürgers war nirgends ein humanes Projekt. Vielmehr hat sich diese Parole als Chiffre mörderischer Menschenverachtung in die historische Erfahrung eingebrannt. Die bürgerliche Gesellschaft hat das 20. Jahrhundert mit seinen Vernichtungskriegen und Völkermorden überlebt. Sie ist dem antibürgerlichen und zugleich antiliberalen Furor entkommen. Zu Beginn des 21. Jahrhunderts richtet sich der soziale Fortschritt wiederum an den klassischen Leitsternen von 1776 und 1789 aus.

Wir sind Bürgerinnen und Bürger geblieben – und wer es nicht ist, will es werden. Den Begriff verächtlich zu machen, fällt leicht im vollen Schutz der damit verbundenen Rechte. Selten aber hat jemand diesen Status verachtet, wenn er tatsächlich staaten- oder rechtlos war. Die zahllosen Beispiele der Exilierten, der Ausgebürgerten, der Illegalen, der „Sans Papiers", der Verschleppten und Verschwundenen, der Bedrohten und vom anonymen Mob Verfolgten geben ein gutes Bild von dem Wert bürgerlicher Sicherheit. Aber man kann auch umgekehrt versuchen, nur die durchschnittlichen Voraussetzungen und Bedingungen des eigenen Lebens zu betrachten. Seien wir ehrlich: Fromme Virtuosen ausgenommen sind wir zu wechselnden Anteilen Bourgeois und Citoyens.

Einerseits mit einer nicht umzuerziehenden Schwäche für persönliche Individualität und für privates Eigentum, das nicht nur die Existenz sichert, sondern Ausdruck der eigenen Lebensentwürfe ist – und sei es das noch kaum kapitalisierte individuelle Eigentum an den Entwürfen selbst, an Ideen, Texten und Kreativleistungen aller Art, die zwar mit anderen

4 Zitiert nach: Marx/Engels Werke, Bd. 4. Berlin (DDR) 1977, S. 481f.

geteilt werden, um Sinn zu erhalten, aber doch der eigenen Person als Urheber zurechenbar bleiben sollen. Die Suche nach einem eigenen Stil und einer individuellen Ästhetik löst sich im Kollektiv nicht auf, auch im postulierten Kommunikationskollektiv der digitalen Avantgarde nicht. Das Recht an der eigenen Arbeit ist unaufgebbar. Dazu gehört auch der bleibende Wunsch, den materiellen Zwang zur Erwerbsarbeit dadurch erträglich zu machen, dass wir immer wieder selbst entscheiden können, unter welchen Bedingungen wir Abhängigkeiten eingehen, wem, wo und wie lange wir unsere Arbeit zur Verfügung stellen oder wann wir uns entziehen.

Andererseits sind wir politische Bürger in der Erwartung, eine öffentliche Stimme zu haben, in der Hoffnung, andere überzeugen zu können, sich anzuschließen und sich mit uns zu verbinden, in der Absicht, andere zu wählen oder von ihnen gewählt zu werden und ein Repräsentativmandat zugesprochen zu bekommen, um die Regeln von Wirtschaft und Gesellschaft zu beeinflussen. Eigentums- und Vertragsrecht, Meinungsfreiheit, Wahl- und Assoziationsrecht bilden nach wie vor Ecksteine der bürgerlichen Gesellschaft, in der sich der Bourgeois vom Citoyen nur idealtypisch trennen lässt, weil sie beide, zumindest in jedem Nichtheiligen, verbunden und verwoben sind.

Am Anfang steht die Aufklärung

Am Anfang dieser Gesellschaftsordnung steht die Aufklärung – und sie trägt sie noch immer. Bei allem, was seither kam – und es gab Versuche genug, den Geist wieder in die Flasche zu stopfen und den Menschen in die Unmündigkeit zurück zu zwingen oder zu locken –, wir haben das Zeitalter der Aufklärung nicht wieder verlassen. Sie bildet unverändert das Maß, an dem jede Idee, jede Kritik, jede soziale Entwicklung, jede politische Bewegung gemessen wird und sich messen lassen muss. Noch jeder wütende Anlauf, die Aufklärung in einem reaktionären Auslöschungsakt ungeschehen zu machen, war am Ende vergeblich. Aber auch postmoderne Denkkunststücke, die Aufklärung über sich selbst hinauszutreiben und ihren universellen Anspruch in Paradoxien zu zerreiben, konnten kaum mehr als vorübergehend Verwirrung zu stiften: Dass die Aufklärung selbst autoritär und unaufgeklärt sei, weil sie auf tradierte Glaubensempfindlichkeiten keine Rücksicht nehme, überzeugt jedenfalls nicht, wenn jene Glaubensempfindlichen vor allem Männer sind, die ein vormodernes und auf Unterordnung angelegtes Privilegiensystem verteidigen. Dass die Aufklärung blind sei für die Pluralität kultureller Identitäten, stimmt ja insoweit, als Justitias Augen verbunden sind, sie ihre Maßstäbe auf jeden Menschen ohne Ansehen der Herkunft anlegt und Kultur als Ausrede für Unrecht nicht gelten lässt. Erfahrung zeigt zudem, dass es viel eher die eine Kulturidentität ist, die sich ignorant zeigt gegen das Recht einer jeden anderen, und dass der Ausweg aus dem Irrgarten des Relativismus von der universellen Vernunft gewiesen wird, die jedem Menschen gleiche Rechte zuerkennt.

Aufklärung hieß und heißt noch immer: zum Selbstdenken begabt und zur Freiheit geboren. Als Kant die Frage, was Aufklärung sei, mit dem Wahlspruch „Sapere Aude!" beantwortete, gab er nicht Despoten und Tyrannen die Schuld an der allgemeinen Unaufgeklärtheit, sondern richtete die Polemik gegen die Faulen und Feigen, die es sich in ihrer Unmündigkeit bequem gemacht hätten. Das war akademisch elitär und acht Jahre nach der Unabhängigkeitserklärung der Vereinigten Staaten von Amerika nicht eben revolutionär. Aber es hatte mit dieser doch eines gemeinsam. Kant konnte die Entschlusslosen, die er wie „Hausvieh" am „Gängelwagen" trotten sah, nur attackieren, weil er kein Patronat über sie wollte, sondern davon ausging, dass sie es besser können und dass „die Natur sie längst von fremder Leitung frei gesprochen" habe.[5] Dreh- und Angel-

5 Immanuel Kant: Beantwortung der Frage: Was ist Aufklärung?, 30. September 1784. Zitiert. nach: Werkausgabe Bd. XI, hg. von Wilhelm Weischedel, Frankfurt/Main 1968, S. 53.

punkt für ihn wie für Thomas Jefferson, den maßgeblichen Autor der Unabhängigkeitserklärung, war die gleiche Befähigung aller Menschen zur Freiheit, in Kants Worten: zum „öffentlichen Gebrauch der Vernunft“. Der Unterschied: Während Preußens Aufklärungsphilosoph seinem König noch huldigte, da der das Räsonnieren erlaube, waren die Revolutionäre um Jefferson zur Tat geschritten und kämpften um eine eigene Regierung. Die Gemeinsamkeit: Gleichheit und Freiheit als Leitsterne einer neuen Epoche. „We hold these truths to be self-evident”, hatten die dreizehn nun unabhängigen Staaten in Philadelphia postuliert, „that all men are created equal, that they are endowed by their Creator with certain unalienable Rights, that among these are Life, Liberty and the pursuit of Happiness.”[6] Nicht zufällig stand die Gleichheit an erster Stelle. Die Regierung der Freien und Gleichen zu begründen, war der Stolz des amerikanischen Unabhängigkeitskrieges gegen die britische Krone. Auch unter der aristokratischen Herrschaft hatte es seit je her Rechte und Freiheiten gegeben. Toleranzen, die der Herrscher gewährte und entzog, Rechte, die als Privileg verliehen, Freiheiten, die als Besitz von Familien vererbt wurden. Vorrecht, nicht Recht – das war der Freiheitsbegriff der alten Gesellschaft. Deshalb war die eigentlich neue und revolutionäre Idee die der Gleichheit von Rechten und der Gleichheit in der Freiheit. Sie ist es, oft uneingelöst, bis heute geblieben.

Gleichheit: Von der Schwester zur Feindin der Freiheit

Wie sehr beim Durchbruch zur modernen Gesellschaft der Status des Bürgers mit der Norm der Gleichheit konvergierte, symbolisiert die Anrede „Bürger!“, die nach 1789 in der arbeitenden Bevölkerung von Paris als Aufruf zur Abschaffung der

6 The Declaration of Independence, 4. Juli 1776.

alten Privilegienordnung gemeint war. Es war der Versuch, die revolutionäre Erhebung des dritten Standes in eine neue Alltagskonvention zu übersetzen: die Formel des Abbé Sieyès, wonach der dritte Stand – damals 98 Prozent der französischen Bevölkerung gegen rund eine halbe Million Angehörige von Adel und Klerus – identisch sei mit der Nation; die revolutionäre Selbsterhebung des dritten Standes zur Nationalversammlung im Ballhausschwur des 17. Juni 1789. „Les hommes naissent et demeurent libres et égaux en droits", lautet der erste Satz des ersten Artikels der Erklärung der Menschen- und der Bürgerrechte, den die Nationalversammlung zwei Monate darauf beschloss. Die Menschen sind frei und gleich an Rechten nicht nur geboren, sondern bleiben es auf Dauer. Soziale Unterscheidungen, heißt es weiter, müssen sich vor dem Gemeinwohl rechtfertigen: „Les distinctions sociales ne peuvent être fondées que sur l'utilité commune."[7] Auch wenn sich die jakobinische Anrede als „Bürger" auf den Straßen und Ämtern nicht durchsetzte, die Norm der Gleichheit der Rechte tat es sehr wohl.

Das blieb nicht ohne Reaktion. Mehr als in den unmittelbaren Erfolgen der Französischen Revolution, die der anschließende Terror wieder verdunkelte, kam der entscheidende historische Fortschritt in der Sprache seiner Gegner zum Ausdruck. Die Anhänger und Günstlinge der alten hierarchischen Ordnung begriffen sofort, was die Stunde geschlagen hatte. Der Gründungsimpuls des Konservatismus war die Abwehr gleicher Rechte. „Ein beschütztes, zufriedenes, tätiges, gehorsames Volk", wünschte sich der konservative Ahnherr Edmund Burke. Er stellte sich gegen die „phantastische Grille" der Aufklärung, „welche dem, der den dunklen Weg eines arbeitsamen Lebens wandeln soll, falsche Ideen und eitle Erwartungen vorspiegelt, und ihm die reelle, unvermeidliche Ungleichheit erschwert und verbittert". Für den „zur Niedrigkeit bestimmten" Menschen empfahl Burke eine Sorte „Glück-

7 Déclaration des Droits de l'Homme et du Citoyen, 26. August 1789.

seligkeit", die sich einstellt, wenn man sich mit seinem Stand abfindet und Ruhe gibt.[8] Damit war die Spur gelegt, der viele Freiheitsfeinde von rechts folgten. Die schweigende Schicksalsmacht der Unterordnung war philosophisch und politisch zerbrochen. Eine intellektuelle Rechtfertigung musste also her, um Ungleichheit zu erhalten. Ihre Naturgegebenheit zu behaupten, war das eine, aber weit mächtiger wurde der immer wiederholte Verweis, die Aufhebung der Ungleichheit sei unerreichbar und das Unerreichbare zu versprechen sei verantwortungslos. Die Polemiken gegen den angeblichen Wahn der Gleichmacherei haben sich seit Burke kaum gewandelt. Wenn der Konservative einen Identitätsanker hat, hier liegt er. Bis heute ist dies der Antipode, der zwar die Moderne nicht aufhalten kann, aber gegen ihren Grundstrom steht und allenfalls nachholende Kompromisse eingeht. Der Konservatismus ist im Kern die Ideologie der Ungleichheit und der sich rechtfertigenden Privilegien geblieben.

Wo die Revolutionäre von gleichen Rechten und vom gleichberechtigten Streben nach Glück sprachen, unterstellten ihre Gegner, es würde die Einebnung aller Unterschiede angedroht. Gleichberechtigung ließ sich in dem Maße schwerer denunzieren, als sich das volkssouveräne Prinzip der auf Zeit gewählten Macht durchsetzte und auch ehemalige Sklaven, Besitzlose und – sehr spät – die Frauen das gleiche Wahlrecht bekamen. Es macht sich einfach nicht gut, diejenigen offen zu verachten und abzuwerten, auf deren Wählerstimme man nicht von vornherein verzichten will. Auch Konservative haben das immer wieder lernen müssen, um in der Demokratie überleben zu können – zuletzt in der Gestalt des republikanischen Präsidentschaftskandidaten Romney, der ertappt wurde, als er nahezu 50 Prozent der amerikanischen Bevölkerung wegen ihrer sozialen Schwäche verhöhnte, und sich dann ziemlich erbärmlich auf Missverständnisse herausre-

8 Edmund Burke: Betrachtungen über die Französische Revolution (1790). Deutsch von Friedrich von Gentz, Berlin 1793, S. 51.

den wollte. In Wahrheit hat er sich in der kalten Verachtung der Sozialfälle ideologisch sehr verständlich, nur eben unter demokratischen Verhältnissen deplatziert ausgedrückt. Der Konservative hat es als der „Zweitgeborene der Revolution" (Gustav Seibt) schwer mit seinen Instinkten, die noch immer Vorrecht vor Recht stellen wollen.[9] Wenn sie herauskommen und öffentlich werden, wirkt er blamiert. Also muss er die Sache drehen und seine Kritiker als Neider psychologisieren. Das war der konservative Geistesblitz: „Gleichmacherei" und Zwang zur Uniformität, das taugte als Feindbild gegen die Linke. Ein Zerrbild aus dem Geist der antirevolutionären Pamphletliteratur, aber vor allem eine geschickte Operation der konservativen politischen Semantik – und eine folgenschwere Bedeutungsverlagerung! Damit ließ sich potenziell jeder Mensch ansprechen, der aus seinem Stand, seiner Klasse, seinem Milieu heraus- und vorankommen wollte, jeder, der dort, wo „alles Ständische und Stehende verdampft", wie Marx und Engels schrieben, seinem Verstand vertraute und einen wenn auch nur kleinen sozialen Aufstieg wagte.

Seit die sozialen Bindungen ihren Erbcharakter verloren haben, will niemand sich mehr kleinmachen und sich seine Aspirationen ausreden lassen. Gegen einen altkonservativen Besserwisser, der ihr oder ihm seinen niederen Platz in der Gesellschaft zuweist, wird jede und jeder mit auch nur einem Funken Stolz im Leib revoltieren. Doch genau der Stolz, der diese Revolte immer wieder antreibt und die Sache gleicher Rechte fördert, verlangt schließlich auch die Anerkennung der eigenen Leistungen. Der öffentliche Respekt für individuelle Auszeichnungen begründet die Moral der postfeudalen Gesellschaft. Deshalb wecken Distinktionsanmaßungen jeder

9 Gustav Seibt: Der Herr des Verfahrens. Süddeutsche Zeitung, 24. Februar 2011, aus Anlass des Betrügers und Lügners zu Guttenberg: „Wer meinte, dass der Konservative, dieser Zweitgeborene der Revolution, ein Vertreter von festen Grundsätzen sei, hat also zu kurz gedacht. Grundsätze haben etwas Unhistorisches, fast Jakobinisches; der geschichtliche Prozess aber ist lebendige Bewegung, gemacht vom Menschen mit seinem Widerspruch."

Art den Ursprungsprotest der bürgerlichen Revolution immer wieder neu. Ein Trottel, der sich für etwas Besseres hält, weil er in eine Adelsfamilie hineingeboren oder hineingeheiratet wurde, wird ausgelacht. Wer sich unverdiente Titel erschleicht, hat im öffentlichen Leben keine Zukunft. Und Wut begegnet dem Blender, der ererbtes Vermögen großspurig mit eigener Leistung verwechselt. Doch wäre es ein grobes Missverständnis, diese Sozialkritik als generelle Absage an Unterscheidungen zu deuten. Das Gegenteil ist der Fall. Die bloß angemaßte Auszeichnung wird so scharf kritisiert, weil es gilt, die echten Verdienste zu schützen und zu würdigen. Es ist keine Paradoxie, sondern kausale Logik, dass eine leistungsorientierte Gesellschaft der Freien und Gleichen ein Distinktionsverbot nicht akzeptiert. Kaum etwas wird als ungerechter empfunden als die Nivellierung oder Entwertung des persönlichen Engagements.

Die neue konservative Intelligenz setzte an diesem Bedürfnis nach Unterscheidung an. So gelang es ihr, in der Frage der Ungleichheit die größte Schwäche des Konservatismus zu verbergen. Er beleidigte die Menschen nicht mehr, sondern appellierte an ihren Stolz. Der Trick dabei ist das Gespür dafür, dass sich die allermeisten, auch ohne große Sprünge zu machen, als Aufsteiger dank eigenen Verdienstes fühlen wollen. Nicht nur der Tellerwäscher, der es zum Millionär schafft, sondern viel typischer auch der, der bloß Kochgehilfe geworden ist. Tarnung ist dieser Appell an den Aufsteigerstolz, weil er nach wie vor mit der Abwertung des je Schwächeren einhergeht. Wer einen kleinen Schritt auf der Leiter getan hat, wird sofort aufgefordert, auf den herabzusehen, der noch unter ihm steht – auch wenn sie beide in derselben Küche für wenig Geld schwitzen. Das ist die Psychologie konservativer Sozialpolitik. Es geht nicht mehr um die großen Privilegierten der Gesellschaft. Die Wut wird vielmehr umgelenkt auf die Unterprivilegierten. Der prekäre Status des Kochgehilfen wird stabilisiert, weil es unter ihm noch den Tellerwäscher gibt. Nach unten treten, das ist die Entschädigung dafür, dass man nach oben buckeln muss – so macht der Konservatismus den Kleinbürger zum Komplizen der Ungleichheit.

Individualisierung gehört zum Wesen der Moderne. Aus der konservativen Ideenfamilie kam der romantisch-völkische Zweig, der dieser epochemachenden historischen Bewegung allen Ernstes in die Speichen greifen wollte. Der Versuch kam einer Auflehnung gegen die Modernisierung gleich, auch wenn dabei auf die technischen Machtmittel der Moderne zugegriffen wurde. Mit Fiktionen kann man, wie Lincoln sagte, einigen Menschen für alle Zeit und allen Menschen für einige Zeit, aber niemals allen Menschen für alle Zeit etwas vormachen. Der Rassismus, der radikale Nationalismus redete von einer Gemeinschaft, installierte aber die Herrschaft der absoluten Ungleichheit. Der Verachtete wurde nicht nur verachtet, sondern deportiert. Der Ausgestoßene wurde nicht nur ausgestoßen, sondern vernichtet. Diese dunklen Visionen der Volksgemeinschaft haben mit der Norm der Gleichheit nichts zu tun. Sie gehören zur Geschichte der Aufklärung, aber als deren Widergänger. Sie gebaren schier unvorstellbare Gewalt. Sie forderten unermessliche Opfer. Aber sie scheiterten. Und sie scheitern, wo sie unter anderen kulturellen oder religiösen Flaggen Anhänger finden, immer wieder neu. Sie scheitern an dem, was der Mensch ist und sein will: ein unterscheidbares Individuum, frei und gleich an Rechten. Es war ein anderer und flexiblerer Familienzweig des Konservatismus, der sich bis heute behauptet hat, weil er die Individualisierung als gegeben nahm und sich Verbündete suchte.

Die politischen Bündnisse, die Konservative suchen, sind aus Furcht gemacht. Die bürgerliche Gesellschaft befreite den Einzelnen aus den zahllosen sichtbaren und unsichtbaren Fesseln der Tradition. Sie wurde selbst entfesselt durch den mobilen Menschen – den reisenden Erneuerer, den öffentlichen Intellektuellen, den Ingenieur, den Händler und den Financier. Sie trat mit der wachen Rationalität der Wissenschaft gegen die tausenden Ängste des Aberglaubens an. Eine Angst aber konnte sie nicht besiegen. Denn ihre ganze Dynamik der Umwälzung und der industriellen Konzentration von Kapital und Produktion mit massenhaften Bevölkerungswanderungen gab dieser Angst ständig neue Nahrung: Die Angst der Besitzenden vor den Besitzlosen. Das Erschrecken des besitzenden Bürgers vor der sozialen Frage war das bestimmende Thema des 19. Jahrhunderts. Der „dritte Stand“ war zwar alles, aber er war auch in sich sozial so zerklüftet, dass dieses pathetische Alles politisch kaum wirklich etwas besagte. Die marxistische Erfindung einer neuen Klasse des Proletariers und ihre scharfe Abtrennung von der bürgerlichen Gesellschaft konnte viel Evidenz für sich in Anspruch nehmen. Gegen eine scheinheilige bürgerliche Moral verwiesen Marx und Engels auf durch Armut zerrüttete Familien, auf Kinder, die in „Handelsartikel und Arbeitsinstrumente“ verwandelt würden. Wenn sie im kommunistischen Manifest schrieben: „Die proletarische Bewegung ist die selbständige Bewegung der ungeheuren Mehrzahl im Interesse der ungeheuren Mehrzahl“, dann war das ein Echo auf die revolutionäre Formel des Abbé Sieyès. Das Proletariat sollte der neue „dritte Stand“ und Träger einer neuen Revolution werden. Als diese Kampfansage im Namen der Deprivierten im Raum stand, flößte den liberalen Bürgern das konstitutionelle Versprechen der Gleichheit vor allem Furcht ein. Frei und gleich geboren? Soziale Unterschiede allein vor dem Gemeinwohl zu rechtfertigen? Rousseaus Eröffnungssatz im „Gesellschaftsvertrag“: „Der Mensch ist von Natur aus frei, und doch überall in Ketten“? – All das klang nun, da der eigene Besitz infrage gestellt war, auch für einen Gutteil des gebildeten, liberal gesinnten Bürgertums bedrohlich. Mit dem Gefühl der Bedrohung des sozialen Status kannten Konservative sich aus. Sie hatten den Eingeschüchterten etwas zu bieten. Eine Weltanschauung, die Ungleichheit rechtfertigte, aber eben auch das Herrschaftswissen und die Machtpositionen, mit denen sich um eine aufgewühlte Gesellschaft die eiserne Klammer des patrimonial administrierten Zusammenhalts legen ließ. Statussicherung durch rationale Verwaltung plus politischer Unterwerfung, das war die Gleichung, mit der die nach rechts und rechtsnational driftenden Liberalen mit den Konservativen in ein Bündnis gingen, das den Absolutismus unter Einschluss des arrivierten Bürgertums wiederbelebte. Das war nicht mehr unmodern. Es war effizient. Es nutzte der Expansion von Wissenschaft, Technik und Infrastruktur. Es förderte den Imperialismus und die Kolonialbewegung. Der Bonapartismus, die modernisierten deutschen Territorialstaaten, die preußische Verwaltung, dann vor allem aber die Bismarck'sche Reichsgründung funktionierten nach diesem Muster. Im liberal bewirtschafteten und konservativ-monarchisch regierten Staat wurde den Bürgern nicht die Rechtssicherheit per se genommen; die neuen Patrizier waren vielmehr die Sorge vor der egalitären Demokratie los. Gewerbe- und Vertragsfreiheit ja, politische Freiheit in Grenzen, aber vor allem keine demokratische Gleichheit, nicht im Inneren und nicht in den Außenverhältnissen zu brutal unterjochten und billig ausbeutbaren Kolonien.

Die Rechtsdrift des Liberalismus in Deutschland, den die blanke Angst vor der sozialen Frage in die Arme der Konservativen trieb, zerriss und zerstörte die frühe Demokratiebewegung. Nationalliberale, die bis heute einen guten Namen haben, wie Friedrich Naumann, auf den sich immerhin eine Parteistiftung beruft, waren vielleicht keine direkten Wegbereiter des NS-Regimes[10], aber sehr wohl Kronzeugen des Imperialismus. Sie träumten von großen Wirtschaftsräumen und ausgedehnten Märkten. Und sie verbreiterten eine politische Allianz, die letzten Endes innen- und außenpolitisch das Recht des Stärkeren predigte. Wenn jede politische Idee ihre Dämonen hat, so ist der Dämon der liberalen Idee der Sozialdarwinismus. Freiheit ohne Gleichheit führt in die Barbarei.

Es ist oft gesagt worden, aber es muss trotzdem erinnert werden: Das historische Versprechen der Freiheit scheiterte im vordemokratischen Deutschland nicht an der Radikali-

10 Vgl. Götz Aly: Die Leiche im Keller der FDP. Frankfurter Rundschau, 24. Januar 2011.

sierung, die das soziale Elend bei den Sozialisten hervorrief, sondern an der harschen Reaktion der alten Garde und ihrer neuen Verbündeten. Die Freiheitsfeinde des 19. Jahrhunderts kamen nicht von links, sie sammelten sich auf der Rechten. Der Polizeistaat war ihre Antwort auf die soziale Frage. Radikale Demokraten, die den sozialen Fortschritt in der Idee von Freiheit und Gleichheit auch unter Bajonetten und Zensurgesetzen nicht preisgaben, wurden hingerichtet, saßen in Festungshaft oder gingen ins Exil. Offiziere, Beamte, Grundbesitzer, Fabrikanten, Pfarrer und Professoren aber, die den Unruheherd der Demokratie bekämpften, machten im Obrigkeitsstaat Karriere. Ein Mythos ist die Behauptung, dass das Besitz- und Bildungsbürgertum die Sache der Freiheit vertreten, die erwachende Arbeiterbewegung jedoch autoritär gestimmt gewesen sei. Die Handwerksgesellen, die Hausbediensteten, die besitzlosen und abhängigen Arbeiter, Frauen und Männer, die sich der Sozialdemokratie anschlossen, baten nicht bloß darum, vom Patron besser versorgt zu werden, sie strebten auch danach, selbstbestimmt zu leben. Die Arbeiterlieder dieser Zeit sind Freiheitslieder: „Für Freiheit, Recht und Brot", wie die erste Strophe der von Jakob Audorf geschriebenen „Arbeiter-Marseillaise" endet, „Brüder, zur Sonne, zur Freiheit / Brüder zum Lichte empor!", wie es im wohl berühmtesten Arbeiterlied des frühen 20. Jahrhunderts heißt, oder in Georg Herweghs „Bundeslied" des Allgemeinen Deutschen Arbeitervereins: „Brecht das Doppeljoch entzwei! / Brecht die Not der Sklaverei! / Brecht die Sklaverei der Not! / Brot ist Freiheit, Freiheit Brot!"[11]

Dass Sozialisten oder Sozialdemokraten Gesundheit und gesichertes Einkommen als Bedingungen der Freiheit betonten, ist bekannt. Erinnert werden muss: Das Recht eines jeden Menschen auf ein selbstbestimmtes Leben und die dafür erforderliche politische Freiheit waren ihnen ebenso wertvoll

11 Vgl. Das vorwärts Liederbuch. Hgg. von Hans-Peter Bartels, Arne Grimm, Helmut König, Dennis Mitterer, Jürgen Neumeyer, Rolf Stöckel und Klaus Wettig, 2. Aufl., Berlin 2011.

wie „Brot“. Das eine gegen das andere auszuspielen, ist eine konservative Erfindung, die Bismarck verkörperte. Er griff zur Waffe der Sozialistengesetze „gegen die gemeingefährlichen Bestrebungen der Sozialdemokratie“, die Konservative und Nationalliberale mit ihrer Stimmenmehrheit im Reichstag beschlossen. Bismarck ging es um die Stabilisierung der Ungleichheit und die Befestigung des Klassenstaates. Auch die Einführung der Sozialversicherung diente diesem Zweck. Sozialdemokraten waren für ihn „Reichsfeinde“. Warum galten sie als „gemeingefährlich“? Weil die Sozialdemokratie für die Durchsetzung gleicher Bürgerrechte in einer freien Republik kämpfte, einen „freien Volksstaat“ forderte, wie es im Programm der Sozialdemokratischen Deutschen Arbeiterpartei von 1869 hieß: „Die politische Freiheit ist die unentbehrliche Vorbedingung zur ökonomischen Befreiung der arbeitenden Klassen. Die soziale Frage ist mithin untrennbar von der politischen, ihre Lösung durch diese bedingt und nur möglich im demokratischen Staat.“ Das „Doppeljoch“ politischer Unterdrückung und sozialer Not abschütteln hieß im Eisenacher Programm[12], Klassenherrschaft und Klientelsysteme brechen, „Aufhebung aller Vorrechte des Standes, des Besitzes, der Geburt und Konfession“, allgemeines, gleiches, direktes Wahlrecht einführen (wenn auch August Bebel mit dem Vorstoß zum Frauenwahlrecht noch scheiterte), Pressezensur abschaffen, gleiche Chancen durch „unentgeltlichen Unterricht in allen öffentlichen Bildungsanstalten“ geben, kurzum, auf den Ursprung der bürgerlichen Revolution zurückgehen, die Freiheit und Gleichheit forderte.

Am Anfang der aufgeklärten bürgerlichen Gesellschaft war die Gleichheit die Schwester der Freiheit. Von Konservativen wurde die Norm der Gleichheit sofort angegriffen. In den Kämpfen um die soziale Frage schlossen sich viele Liberale an

12 Das Eisenacher Programm: Beschlossen auf dem Parteitag des Allgemeinen Deutschen sozial-demokratischen Arbeiterkongresses zu Eisenach am 7., 8. und 9. August 1869. Bericht nach den Protokollen des Parteitages. Offenbach 1947, S. 121f.

und erklärten die Gleichheit zur Feindin der Freiheit. Damit stand der Liberalismus unter keinem guten Stern.

Redefreiheit: Dogmatismus der Linken, Ideenraub der Rechten

Arbeiterbewegung und Liberalismus wurden sich wechselseitig fremd. Wer bei August Bebel die Bemerkungen über den „stets hoffnungsseligen“ Liberalismus liest, spürt die Verachtung. Bebel hatte Festungshaft wegen Hochverrat erlebt, während sich liberale Politiker dem Regiment Bismarcks an den Hals schmissen. „Weil ihm selbst“, so Bebel über den Liberalismus, „der Mut und die Energie zu kräftigem Handeln fehlt und er vor jeder wirklichen Volksbewegung Angst hat, setzt er seine Hoffnungen stets auf die Regierenden“.[13] Zahlreich sind Bebels Invektiven gegen die „liberale Presse“, etwa wo er, gegen die Kritik der bürgerlichen Zeitungen, gerechte Steuergesetze forderte, die den Vermögenden mehr abverlangen. Zwar verteidigte er gegen staatssozialistische Autoren, die die „Bourgeoisie-Parteien“ als das eigentliche Übel bekämpfen wollten, die liberalen Kräfte als Teil einer Kultur des Fortschritts. Er warnte eindringlich davor, mit den Resten des Feudalismus gegen die Freiheitlichen zu paktieren und den nützlichen Idioten für die Unterdrückung des Volkes zu spielen. Aber auch er verdächtigte die bürgerliche Presse, das Interesse des Kapitals zu vertreten.

Eine Wegscheide der Entfremdung zwischen Linken und Liberalen markiert die Auseinandersetzung um die Redefreiheit. Der Wechsel der Allianzen, der die revolutionäre Freiheitsbewegung spaltete und bei dem sich die liberalen Parteien in konservativ dominierten Koalitionen wiederfanden, vollzog sich gerade auch hier. Die Freiheit des Denkens, wie sie 1670 der sephardisch-jüdische Niederländer Spinoza mutig

13 August Bebel: Aus meinem Leben. Erster Teil. Stuttgart 1910, S. 47.

gegen die Vormundschaft der Theologen und ihren patriarchalischen Gott stellte, wurde als Freiheit der öffentlichen Meinungsäußerung zum Herzschlag der Neuzeit und der in ihr heraufziehenden Aufklärung. Sie ist das wichtigste Kennzeichen einer unverkürzten, unverzerrten Moderne geblieben. Wer sich gegen die Freiheit des Denkens und der Rede stellt, weil sie seinen „aufgeklärten" politischen Zwecken Probleme bereitet, verrät die Aufklärung. Aber auch wer Redefreiheit instrumentalisiert und nur hoch hält, solange sie seinen Feinden schadet und seinen eigenen Machtinteressen nutzt, ist kein Freund der Freiheit. Mehr als 200 Jahre Aufklärungsgeschichte brachte entlang dieser Konfliktlinie viele falsche Freunde und einige tragische Feinde der Freiheit hervor. Niemand ist verwundert, dass die extreme Rechte der konstante Freiheitsfeind war. Größere Mühe kostete es die Intellektuellen zu erkennen, dass der angewandte Marxismus, der dem Bürgertum im Namen des Proletariats den Krieg erklärte, die Freiheit verriet, die freien Gewerkschaften zerstörte und in der Diktatur der Kader über die Arbeiter endete. Wirklich unverarbeitet aber ist, dass es im Westen noch nach 1989 die politische Linke war und ist, die in die Falle tappte und sich zum falschen Gegner der Freiheit wandelte, als der flexible Konservatismus einen Stellungswechsel vollzog und in der Polemik gegen „politische Korrektheit" und „Gutmenschentum" zum falschen Freund der freien Rede avancierte.

Ihrem Ursprung in der Aufklärung nach war die Linke die geistige Kraft des couragierten Tabubruchs. Zeit ihres Bestehens wurde sie von Traditionalisten jeder Couleur dafür angegriffen, und die Wut, die Spinoza für seinen Freiheitstraktat auf sich zog, ist geradezu stilbildend geworden. Denn es ging nie nur um die Art des Denkens, sondern immer um Herrschaft und Unterordnung. Wo ein Gottesbild erschüttert wurde, geriet auch der innerweltliche Gehorsam ins Wanken. Gedankenfreiheit war deshalb nicht harmlos oder nur subjektiv relevant. Sie erfasste immer die Gesellschaft und forderte den Zorn der orthodoxen Gewalten heraus. Francis Bacon begründete die empirische Wissenschaft durch die Emanzipation des Menschen von den „Idolen“, Götzenbildern und Vorurteilen, die seinen Verstand verdunkeln. In diesem Sinne zielte die angelsächsische ebenso wie die französische und die deutsche Aufklärung gegen Aberglaube, Unwissenheit, Denkverbote, Intoleranz aller Art. Der Kampf um die Freiheit von Wissenschaft und Literatur war der erste Kampf in der langen Revolte gegen das Ancien régime. Doch dabei blieb es nicht. Encyclopädisten wie d'Alembert oder Helvétius wollten nicht bloß eine Sammlung des Wissens vorlegen. Lessing ging es nicht nur um die Loslösung der Literatur vom kirchlichen Dogma, und der „Nathan“ war kein privates Erbauungsstück, sondern ein öffentliches Manifest der Toleranz. Sie alle gingen daran, mit der Vorurteilsstruktur des Menschen zugleich die Machtstruktur der Gesellschaft bloßzulegen. Auch dabei kam wiederum der Religionskritik eine entscheidende Rolle zu. Den Betrug der Priester zu demaskieren, die eine Religion der Furcht stiften, den Menschen existenziell ängstigen und am Gängelband von Thron und Altar halten, war philosophische Vorbereitung der Französischen Revolution.[14]

In dieser Linie stehen Ludwig Feuerbachs Dekonstruktion des Gottesbegriffes als Projektion menschlicher Sehnsüchte, die im Diesseits nicht erfüllbar sind, und natürlich die sozialkritische Analyse der Religion von Karl Marx in der Einleitung „Zur Kritik der Hegelschen Rechtsphilosophie“: „Der Mensch macht die Religion, die Religion macht nicht den Menschen“, wiederholte Marx und verschärfte dann: „Aber der Mensch, das ist kein abstraktes, außer der Welt hockendes Wesen. Der Mensch, das ist die Welt des Menschen, Staat, Societät. Dieser Staat, diese Societät produzieren die Religion, ein verkehrtes Weltbewusstsein, weil sie eine verkehrte Welt sind. (...) Die Religion ist der Seufzer der bedrängten Kreatur, das Gemüt einer herzlosen Welt, weil sie der Geist geistloser Zustände ist.

14 Vgl. Hans-Joachim Lieber: Ideologie. Paderborn 1985, S. 27ff.

Sie ist das Opium des Volks."[15] Das wurde zum Prüfstein. An der Kritik der Religion, die in der traditional legitimierten Gesellschaft Inbegriff des Unantastbaren war, sollte sich die Befreiung der Vernunft beweisen. Kein von Menschen gemachter Gott sollte dem Menschen das Denken verbieten. Keine Androhung von Höllenqualen sollte den Zweifelnden erschrecken. Kein Schleier des Heiligen sollte den kritischen Blick mehr vernebeln. Kein hinter einem Tabu verborgenes Interesse sozialer Mächte sollte unentdeckt bleiben. Die Gedanken-, Meinungs- und Redefreiheit ist die Freiheit aller Freiheiten, der Schlüssel zur Emanzipation. Sie zu erkämpfen, bedeutet, die Kritikfähigkeit gegenüber jeder nur denkbaren Macht zu gewinnen und damit jeden Menschen selbst zu ermächtigen, seine Sprache zu finden, seine Argumente zu schärfen, seine Identität zu definieren. Die Ermächtigung und Befähigung des Menschen, die heute zu Recht der Bildung zugeschrieben wird, ist ohne die Freiheit, selbst zu denken, nicht zu erreichen. Bildung in diesem Sinne ist mehr als Belehrung oder Unterweisung. Sie ist Befreiung, überkommene Bildungsinhalte der Religion, der Nation, der Tradition und der Kultur im Zweifel auch zurückzuweisen. Wer immer Herrschaft über andere ausübt, wird ins Offene gezwungen.

„Dies ist die Macht des Aussprechens dessen, was ist", sagte Ferdinand Lassalle. „Es ist das gewaltigste politische Mittel!" Ein Jahr vor Gründung ihrer ersten Parteiorganisation gab er der Sozialdemokratie ein Vermächtnis mit auf den Weg: „Alle große politische Aktion besteht in dem Aussprechen dessen, was ist, und beginnt damit. Alle politische Kleingeisterei besteht in dem Verschweigen und Bemänteln dessen, was ist."[16] Die Sozialdemokratie ist darin Erbin der Aufklärung und Partei der Freiheit. Die Kritik der schweigenden Tradition und der

15 Karl Marx: Zur Kritik der Hegel'schen Rechtsphilosophie. Einleitung (1844). In: Marx/Engels Gesamtausgabe, I/2. Berlin (DDR) 1982, S. 170f.
16 Ferdinand Lassalle: Über Verfassungswesen. Vortrag in einem Berliner Bürger-Bezirksverein, 18. April 1862. In: Ders.: Reden und Schriften. Bremen 2010, S. 115.

politisch instrumentalisierten Religion, die Kritik der Ideologie begründete mehr als alles andere den Stolz der Linken, die Kraft des Fortschritts zu repräsentieren. Die Lüge der Herrschaft erschüttern, das ängstliche Flüstern befreien zur laut und deutlich ausgesprochenen Wahrheit, das galt der Ermutigung des Bürgers, aufrecht zu gehen. Noch heute wird dieser Kampf überall dort, wo sich Menschen der autokratischen Herrschaft entwinden, neu ausgefochten. Die Friedliche Revolution in Mittelosteuropa 1989 und der Fall der Berliner Mauer sind aus Bewegungen hervorgegangen, in deren Zentrum die Redefreiheit stand. Die Auflehnung gegen Lüge und Angst war nie auf die Geschichte des Westens beschränkt und sie treibt heute die lokalen Revolten gegen korrupte chinesische Parteikader, die Proteste gegen die lateinamerikanische Drogenmafia, die für illegal erklärten Demonstrationen gegen den russischen Staatsapparat, den niedergeschlagenen Aufstand gegen die iranische Theokratie ebenso wie die erfolgreichen Revolutionen des Arabischen Frühlings.

Die Freiheit der Rede war die Haltung, die einen guten Teil des Selbstbewusstseins der Linken ausmachte – und sie teilte dies mit den liberalen Künstlern, Wissenschaftlern, Publizisten und Politikern. Allerdings zeigt Lassalles berühmtes Zitat auch, gegen wen vor allem er sich im preußischen Verfassungskonflikt der 1860er-Jahre richtete. Diejenigen, deren System das Aussprechen dessen, was nicht ist, sei, diejenigen, welche die preußische Regierung umlügen wollten und den sich „in Scheinkonstitutionalismus verhüllenden Absolutismus" vertuschten, verheimlichten, bemäntelten, das waren für Lassalle die Liberalen der Volkspartei und ihre Presse, die er die „Geistesärmsten" nannte.[17] Sein wie auch Bebels beißendes Misstrauen gegen das Bürgertum war in realpolitischen Konflikten um die Demokratisierung gewachsen. Das ist verständlich und war gerechtfertigt, denn in Deutschland haben zu viele Liberale vor der Herrenkaste der Monarchie

17 Ebd.

gekuscht und die Demokratie preisgegeben. Eine umfassende geschichtsphilosophische Rechtfertigung dieses Misstrauens, die keine konkreten politischen Erfahrungen mehr nötig hatte, gaben in der „Deutschen Ideologie“ Marx und Engels. „Die Gedanken der herrschenden Klasse sind in jeder Epoche die herrschenden Gedanken“, schrieben sie, „die Klasse, welche die herrschende materielle Macht der Gesellschaft ist, ist zugleich ihre herrschende geistige Macht.“[18] Der Anspruch der bürgerlichen Intelligenz, Aussagen von allgemeiner Gültigkeit zu treffen und dabei die besonderen Interessen ihrer Klasse zu ignorieren, sei falsches Bewusstsein – oder eben bürgerliche Ideologie. Marx und Engels kehrten den Spieß der Rechtsphilosophie um und beanspruchten nun selbst die größtmögliche Allgemeingültigkeit für ihre Lehre, denn sie glaubten keineswegs, nur eine Idee unter anderen formuliert zu haben, sondern das historische Gesetz, unter dem überhaupt Erkenntnis produziert wird. Im Wettbewerb der Ideen traten sie als Monopolisten der Wahrheit auf. Diese materialistische Erkenntniskritik schmiedete eine scharfe Waffe im politischen Meinungskampf. Und sie machte Karriere. Sie dehnte die Logik der Religionskritik aus zum universell anwendbaren Ideologieverdacht. Vor allem immunisierte sie mit ihren Kategorien das Denken gegen den Einspruch der je besonderen politischen Erfahrungen. Ein solcher Joker ist verführerisch und er lädt ein zur Verdummung. Die Tore zur Vulgarisierung standen sperrangelweit offen. Wer etwas besitzt, stand unter dem unausräumbaren Verdacht, mit jeder Meinung seinen Besitz zu rechtfertigen. Ein Bourgeois konnte nur bourgeoise Meinungen vertreten. Jeder wurde fortan unter das Diktat seiner Position im ökonomischen Prozess gestellt. Die Anwendung dieser Auffassungen unter kommunistischer Herrschaft machten aus dem Ideologieverdacht einen Klassenverdacht, den man durch Geburt auf sich zog und der politische Verfolgung

18 Karl Marx, Friedrich Engels: Die deutsche Ideologie (1845–1846). In: Marx/ Engels Werke, Bd. 3. Berlin (DDR) 1978, S. 46.

auslöste. Der historische Materialismus, der unverkennbar mit einem Bein noch in der Aufklärung stand, trat mit dem anderen schon auf den Boden der modernen Diktatur. Wo er herrschendes Dogma wurde, erledigte er die Redefreiheit des anders Denkenden schließlich auch in den eigenen Reihen.

Wie konnten Linke zu Gegnern der freien Rede werden? Durch den böse wuchernden Ideologieverdacht gegen das bürgerliche Leben schlechthin und die so genannte „bürgerliche Presse". Wie konnte es geschehen, dass Konservative die stolze Höhe der Meinungsfreiheit besetzten und den Anspruch erhoben, das auszusprechen, was ist? Durch den Widerstand gegen die kommunistische Diktatur. Denn er gründete auf Erfahrung. Rosa Luxemburgs hellsichtige Warnung, dass es immer im Kern um die Freiheit des Andersdenkenden gehe, war eine kommunistische Ausnahme. Die Regel hieß: Abweichende politische Haltungen dissidenter Persönlichkeiten werden mit allen Machtmitteln gebrochen. Es waren KP-Mitglieder, die als Abweichler markiert, als Juden unter den antisemitischen Verdacht des bürgerlichen „Kosmopolitismus" gestellt oder einfach als Opfer willkürlicher dogmatischer Neukonstruktionen aus den Rängen der Partei entfernt wurden. Der politische Mord wurde zur Säuberung umgetauft. Die von George Orwell porträtierte aberwitzige Sprachverdrehung, welche Unterdrückung zur Freiheit, militärische Aggression zum Frieden umlog, war monströse Propaganda, die eine Ideologiekritik von rechts auf den Plan rief.

Dennoch, der Antikommunismus der Konservativen, der im Westen nach 1945 die Idee der Freiheit raubte und auch viele Dissidenten vereinnahmte, die dem Stalinismus entkamen, war nicht progressiv, er war verlogen. Er richtete sich gegen den Kommunismus, aber nicht gegen die Diktatur, gegen den roten, aber nicht gegen den rechten Terror. Er rüstete auf, um privaten Besitz an Produktionsmitteln, Rohstoffmonopole, Freihandel, nicht aber unbedingt politische Freiheit und Demokratie zu verteidigen. In der globalisierten ideologischen Konfrontation des 20. Jahrhunderts standen die USA als Vormacht des Westens und ihre europäischen Verbündeten zu oft auf der Seite von spätkolonialen, monarchisch-absolutistischen, nationalistischen, rassistischen oder faschistoiden Militärdiktaturen in Südamerika, in Mittelamerika, in Afrika, im Nahen Osten, in Südostasien, aber auch in Spanien, Portugal, Griechenland und der Türkei; zu oft, um noch ohne weiteres glaubwürdig für die Sache von Freiheit und Demokratie einstehen zu können. Gegen eine korrupte, westlich orientierte Oberschicht repräsentierten in vielen Regionen der politisch erwachenden Welt linksdemokratische, gewerkschaftliche oder sozialistische Freiheitsbewegungen eine Mehrheit der Bevölkerung. Sie wurden unterdrückt mit Hilfe amerikanischer und europäischer Waffen und Geheimdienste. Die antikommunistische Position im Kalten Krieg handelte als wollte sie dem historischen Materialismus von Marx post festum noch Gründe liefern. Denn die rechtskonservative Bürgerlichkeit der „freien Welt" nahm bei aller Akklamation der Menschenrechte die Folterkeller ihrer Klientelregime in Kauf, wo ihre strategischen ökonomischen Interessen auf dem Spiel standen. Diese Sorte Freiheit roch nach Napalm. Der Vietnamkrieg oder das Regime des Schah von Persien bekam für die neuen Protestbewegungen im Westen symbolische Bedeutung. Sie standen typisch für das altbekannte Muster einer Politik der Ungleichheit als Code of Western Conduct in fast allen Teilen der Welt. Aus diesem Grund erlebte der Marxismus eine Renaissance. Die hohl gewordene Phrase von „Freedom and Democracy" geriet als Parole der Globalisierung in der postkolonialen Welt in Verruf. Sie ist es unter dem Eindruck von Abu Ghraib und Guantanamo auch heute noch.

Es gab eine Zeitspanne zwischen den späten 1950er- und dem Ende der 1960er-Jahre, in der ein bestimmender Teil der westlichen Gesellschaften die Verlogenheit der Konservativen durchschaute und linksliberal dachte: gegen den Kolonialismus; gegen postkolonialistische Vormachtkriege in Afrika, dem Nahen Osten und Südostasien; gegen den „autoritären Charakter" hinter den Fassaden demokratischer Institutionen; gegen den reaktionären, den gesinnungsschnüffelnden Antikommunismus à la McCarthy; gegen den Rassismus, vor allem in den USA; gegen die Bagatellisierung des NS-Regimes, gegen die Altnazis im Pelz der Wirtschaftswunderbürger und gegen die Bevormundung durch den restaurativen Staat, vor allem in Deutschland; überall gegen die kulturelle Bigotterie; gegen die Unterdrückung der Frauen; gegen den Militarismus der atomaren Hochrüstung; für die Anerkennung der deutschen Nachkriegsgrenzen und eine Politik der Entspannung zwischen West und Ost. Die Regierung Willy Brandts und die sozialliberale Koalition kamen im Zeitstrom dieses Denkens an die Macht. Mehr Demokratie zu wagen, wurde im Nachhinein zum geflügelten Wort dieser Jahre. „Die Regierung kann in der Demokratie nur erfolgreich wirken, wenn sie getragen wird vom demokratischen Engagement der Bürger“, schloss Brandt die erste Regierungserklärung eines sozialdemokratischen Nachkriegskanzlers. „Wir haben so wenig Bedarf an blinder Zustimmung, wie unser Volk Bedarf hat an gespreizter Würde und hoheitsvoller Distanz. Wir suchen keine Bewunderer; wir brauchen Menschen, die kritisch mitdenken, mitentscheiden und mitverantworten.“[19] Die damals überraschende Koalition von SPD und FDP galt in historischer Perspektive als Bündnis der Arbeiterbewegung mit dem aufgeklärten Teil des Bürgertums, also als Erinnerung an das Fortschrittsbündnis aller Demokraten in der Märzrevolution von 1848 und als Überwindung des deutschen Schismas zwischen der Linken und dem Liberalismus. Das Versagen des deutschen Bürgertums im wilhelminischen Obrigkeitsstaat, die Mitschuld am deutschen Militarismus und den dunklen imperialen Träumen, sollte besser spät als nie überwunden werden. Dazu musste indes die FDP, die in der frühen Bundesrepublik als „rechtsnationale Klientelpartei“ die Amnestie von Kriegsverbrechern betrieb[20],

19 Regierungserklärung des Bundeskanzlers Willy Brandt. Deutscher Bundestag, 6. Wahlperiode, 5. Sitzung, 28. Oktober 1969.
20 Norbert Frei: Vergangenheitspolitik. Die Anfänge der Bundesrepublik und die NS-Vergangenheit. München 1997, S. 19.

ihre eigene Wende vollziehen. Erst als im Januar 1968 der dekorierte Wehrmachtsoffizier Erich Mende im Parteivorsitz Walter Scheel weichen musste, wurde die Öffnung der Partei nach links möglich. Realpolitischer Prüfstein dafür war die Anerkennung der Oder-Neiße-Grenze. Aber ebenso ging es um die vorbehaltlose Aufarbeitung der NS-Vergangenheit. Wenn Brandt noch in der Wahlnacht des Jahres 1969 glaubte, nun habe Hitler endgültig den Krieg verloren, war genau diese sozialliberale Konstellation der bundesrepublikanischen Geschichte gemeint.[21]

Es gab ihn also, den Moment, in dem mit hochgespannten historischen Erwartungen eine linksbürgerliche Zeitenwende möglich war. Das Fenster hatte sich geöffnet für eine veränderte Bürgerlichkeit, die sich nicht mehr zur Abwehr der sozialen Frage formierte, deren Identitätskern nicht mehr das exklusive Privileg der Bessergestellten sein würde, die Gleichheit nicht mehr als Wahn denunzieren, sondern als Ideal zu erstreben wagen würde. Eine neue Bürgerlichkeit, in der alle Schichten politische Heimat hätten und für die auch der arme Schlucker ein Bürger gleichen Rechts wäre. Aber diese Zeit währte nicht lang. Sie wurde zum Intermezzo. Und die Gelegenheit verstrich, einen dauerhaften Wandel in der politischen Kultur durch eine neue Tradition des linken Liberalismus zu etablieren. Wenn heute die alte Rede vom „bürgerlichen Lager“ als Kampfformation gegen den Anspruch des sozialen Ausgleichs wieder reibungslos funktioniert, wenn die feuilletonistische Beschwörung der „neuen Bürgerlichkeit“ nicht die Norm der Gerechtigkeit, sondern im Gegenteil eine geradezu neofeudale Clubmentalität signalisiert, die Armut verachtet, so sind dies Belege, die, wenn man sie bewusst anschaut, vermitteln, in welchem Ausmaß das linksbürgerliche Projekt gescheitert ist.

In der Gewissheit der Linken der 1960er-Jahre lag ein Keim des Hochmuts. Auch im intellektuellen Leben kommt Hoch-

21 Willy Brandt: Erinnerungen. Berlin 1989, S. 186.

mut vor dem Fall. Wie aussichtsreich waren die Bedingungen, die moralische Führungsrolle der Gesellschaft zu übernehmen! Zeitungen, Verlage, der öffentlich-rechtliche Rundfunk, die Akademien der evangelischen Kirche, Theater, Musik – überall öffneten sich die Resonanzräume für die Linksliberalisierung der Bundesrepublik. Wie viel guten Willen gab es, das Land zu verändern! Die Mehrheiten verschoben sich. Wie in einem Rausch, auf der richtigen Seite der Geschichte zu stehen, ging die neue Linke davon aus, selbst definieren, ja dekretieren zu können, wo künftig Mitte und Mehrheit der Gesellschaft stünden. An den Hochschulen vor allem machte diese kulturelle Revolte Fortschritte. Da ging es in Studentenwohnheimen zunächst noch um Damenbesuch nach 22 Uhr, dann aber in schneller Folge um das Lächerlichmachen jeglicher Autoritäten, um die Abschaffung alles Privaten und um die Einschüchterung all derer, die ihr „falsches Bewusstsein" nicht korrigierten. Die kreative antiautoritäre Bewegung der Spontaneisten, der Situationisten, der Kommunarden, der Provokateure, die ein Puddingattentat auf den amerikanischen Vize-Präsidenten in Berlin planten, um die Polizei irre zu machen, sie glitt immer weiter hinüber in eine neue Dogmatisierung. In Italien, in Frankreich lief es ähnlich. Als auf dem West-Berliner Vietnamkongress im Februar 1968 – finanziert hatte ihn der italienische Verleger Veltrinelli, der mit Sprengstoff anreiste und einen Untergrund anstiften wollte – Rudi Dutschke die chinesischen Säuberungen lobte, als bei den Studentenunruhen im Mai 1968 in Paris die Autos brannten, die Pflastersteine flogen, die roten und schwarzen Fahnen des Anarchomarxismus wehten, da war es mit den harmlosen Anfängen vorbei. Herbert Marcuse belehrte die Studentenbewegung über die Gewalt: Es gäbe eine Gewalt der Befreiung und eine Gewalt der Unterdrückung. Wer aber die allgemeine Gewaltlosigkeit predige, der ergreife Partei für die Gewalt der bestehenden Verhältnisse.[22]

22 Diese und andere Zitate sollte man im Originalton hören. Einen ausgezeichneten Eindruck vom Zeitgeist der Protestbewegung gibt: Die 68er. Kurze Geschichte einer Kulturrevolution, Radiofeature von Anselm Weidner,

Eine zwingende Logik, eine verführerische Evidenz – mit nur einem Schönheitsfehler: Die unterjochten Völker der Dritten Welt, auf die Marcuse verwies, unterschieden sich von der beweglich gewordenen demokratischen Offenheit der westlichen Länder in jeder Beziehung. Dort herrschten Rechtlosigkeit und Willkür, hier aber war ein Rechtsstaat durch Mehrheitswillen etabliert, der auch dem Protest Mittel in die Hand gab. Der Versuch, demokratische Verhältnisse in einen verborgenen Faschismus umzudeuten und umzubiegen, verbog vor allem die Köpfe. Sagen, was ist? Nicht die Spur. Stattdessen wimmelte es in der Protestsprache bald von Abstraktionen, die viele auch gutmeinende Bürger entweder nicht verstanden oder die weit von ihren Alltagserfahrungen entfernt waren: „Der Faschismus steckt in der Struktur, die Struktur ist der Kapitalismus, die wir stürzen müssen", „Institutionen reaktionärer Unterdrückung", die Menschen „Objekte der Herrschaft von CDU, NPD und SPD" – wenn Rudi Dutschke in solch einem Stakkato loslegte und zur Revolution gegen das „Bestehende" aufrief, kam die Mehrheit der Menschen nicht mehr mit. Wenn er eine anarchistische Belebung des Marxismus forderte, klinkten sich die meisten aus, die morgens um 7 Uhr wieder losmussten, um zu arbeiten. Und wenn ihnen ihre studierenden Kinder als Echo eines Marcuse sagten, sie seien eben das konsumistisch manipulierte Stimmvieh des Kapitalismus, fiel die Klappe zu.

Der Anspruch des Protests war nicht mehr ernst zu nehmen. Deshalb ging auch das Krawallige des Auftritts bald auf die Nerven. Die Selbstbezüglichkeit der Rede, vor allem: die Verachtung des Rechts und das Spiel mit der Gewalt waren der Sündenfall der Protestbewegung. Sie gefiel sich darin, „Bürgerschreck" zu sein – und verabschiedete sich von der Mehrheitsfähigkeit, was in der Demokratie einem politischen Todesurteil oder wenigstens der Verbannung in die Isolation

SWR 2 1996, mit zahlreichen Tonaufnahmen aus den Reden von Marcuse, Rudi Dutschke, Bernd Rabehl und anderen.

gleichkommt. Die pseudorevolutionäre Maskerade ist bis in die heutige Occupy-Bewegung hinein ein sicheres Rezept, das berechtigte kapitalismuskritische Anliegen der Linken zu diskreditieren und die 99 Prozent, die man vertreten will, nachhaltig zu entfremden. Wenn David Graeber am Spiel der Occupy-Aktivisten teilnimmt, die sich eine kalkweiß grinsende Maske des altenglischen Bombenlegers Guy Fawkes überziehen, die an Stanley Kubricks Clockwork Orange erinnert, und dazu bloß lakonisch sagt: „Hat Spaß gemacht", dann kokettiert er wie viele Linksintellektuelle vor ihm mit der Gewalt gegen „das System" und seine verachteten demokratischen Verfahren.[23] Hier geht es darum, Menschen zu schockieren, nicht zu begeistern. Das ist der Freiheitsverrat der rücksichtslos Libertären, die dem Bürger den Nervenkrieg erklärt haben. So war „kulturelle Hegemonie" noch nie zu gewinnen.

Die 1968 kulminierende Protestbewegung war ein generationsprägendes Ereignis voll echter Leidenschaft für die Veränderbarkeit der Welt. Sie hat die Begeisterungsfähigkeit der Politik erneuert. Und das ist viel. Doch trotz der Entkrustung der Gesellschaft, der Beatmung linker Volksparteien, trotz der Internationalisierung neuer sozialer Bewegungen, die von 68ern gefördert wurden: Es war ein Lehrstück auch für politische Arroganz. Im Besitz der richtigen Theorie verschanzte man sich. Studenten, die nach der Marx-Lektüre ein gefestigtes Klassenbewusstsein zum Ausweis politischer Reife erklärten, trugen die Maske des Klassenkampfes und sahen die Welt durch die Sehschlitze des historischen Materialismus. Stellungnahmen wurden wichtiger als Belege. Gesinnung galt mehr als Erfahrung. Hinter jedem Satz stand ein Ausrufungszeichen. Nicht allen, aber zu vielen Journalisten, Autoren und Hochschullehrern verschaffte der Gestus der Radikalität in ihrem bürgerlichen Selbstmisstrauen – denn Bürger waren sie alle geblieben – eine gewisse Erleichterung. Doch die politische Urteilskraft kam abhanden.

23 Interview mit David Graeber. Der Spiegel 20/2012, S. 136.

Gegen was verschanzte man sich? Gegen die Tatsache, dass in den Gesellschaften des Westens der Protest umschlug in Dogmatismus und dass aus einer Bewegung, die für die Emanzipation des Menschen, für Bürgerrechte, mehr Demokratie und soziale Gerechtigkeit stritt, Gruppen hervorgingen, die zu Einschüchterung, Drohung und Gewalt griffen. Gegen die Tatsache, dass vom Kolonialismus befreite Nationen in die Hände von Diktatoren gerieten und dass sogenannte Befreiungsbewegungen zu infernalischer Gewalt fähig waren. Dagegen, dass der vermeintlich gute Sozialismus im Gewand etwa des arabischen Nationalismus die hässlichen Züge des Militarismus und Autoritarismus mit überbordend wuchernder Bürokratie annahm. Dagegen, dass auf den Abzug der amerikanischen Soldaten aus Indochina eine neue Welle der Gewalt folgte und dass Kambodscha einem „roten" Völkermord zum Opfer fiel. Dagegen, dass Chinas seit 1966 tobende „Kulturrevolution" nicht, wie Rudi Dutschke auf dem Vietnamkongress lobte, eine permanente Wiederbelebung der Revolution, sondern in Wahrheit ein Blutrausch und ein Massengrab für das gebildete Bürgertum war. Dagegen, dass der zu Recht verhasste Schah in Teheran 1979 nicht von einem Freiheitshelden, sondern von einem mittelalterlich anmutenden Hassprediger abgelöst wurde, der ausging, das liberale Bürgertum zu vernichten, die moderne Kultur auszutreiben und die Frauen wieder einzukerkern in die submissive Rolle der gehorsam Verschleierten; Khomeini war ein Prediger, der den Islam fanatisierte und einen Religionskrieg nicht nur gegen den imperialistischen Westen, sondern gegen die Kultur der Aufklärung schlechthin führte; ein Revolutionsführer, der rasch seinen eigenen Unterdrückungsapparat installierte und das Copyright geltend machen konnte auf den globalisierten Terror unter den Fahnen einer instrumentalisierten Weltreligion. Man verschanzte sich gegen eine scheinbar verwirrende Welt, in der die Feindbilder unscharf wurden. Dagegen schließlich auch, dass die vom Westen initiierte Entspannungspolitik mehr Sicherheit und Stabilität brachte, aber bis zum Sturz des SED-Regimes nichts daran ändern konnte, dass der „antifaschistische Schutzwall", wie er im Orwell-Sprech hieß, die Mauer, die Deutschland teilte, vor allem ein Monument der Freiheitsberaubung der Ostdeutschen war und blieb. Dagegen schließlich auch, dass die Sowjetunion bei allem Schwadronieren des Kreml über den Weltfrieden nach Ungarn 1956, nach der Tschechoslowakei 1968 als Aggressor 1979 auch in Afghanistan einfiel und dass zuerst die SS-20 stationiert wurden, nicht die Pershing II.

Nein, die 1970er-Jahre waren kein Ruhmesblatt. Aus linksliberaler Debattenhegemonie hätte eine überlegene Politik werden sollen. Doch es war das Jahrzehnt der intellektuellen Niederlage der Linken. In jenen Jahren wäre es an der Zeit gewesen, den menschenverachtenden Autoritarismus zu attackieren, der nah und fern in den Deckmänteln der Revolutionsideologien umging. Es war die Zeit, in der die Unterscheidungsfähigkeit zwischen Diktatur und Demokratie gefragt war. Es wäre die natürliche Sache der politischen Linken gewesen, von den alten Phrasen zu lassen und die neue Lage auf den Begriff zu bringen. Sie hätte an das unerschöpfte Potenzial der Aufklärung erinnern müssen. Sie hätte die Rolle des Westens, der sich nicht zuletzt durch die Studentenbewegung veränderte und selbstreflexiv vom kolonialistischen Erbe Abstand nahm, neu bestimmen müssen, nicht mehr mit dem alles einebnenden Schlagwort des Imperialismus, sondern als Versuch einer offenen Demokratie. Sie hätte den Universalismus im Versprechen eines von Angst und Not befreiten Lebens und einer zur Freiheit orientierten Politik niemals aufgeben dürfen. Denn universell heißt hier nichts anderes als für jeden Menschen gleich, ob Frau oder Mann, ob schwarz oder weiß, hetero- oder homosexuell, Christ, Muslim oder Jude. Universelle Rechte sind gleiche Rechte. Wer die Universalität preisgibt, kann die Gleichheit nicht mehr verteidigen. Genau das aber wäre die Aufgabe gewesen. Stattdessen begannen die Kulturrelativisten den Ton anzugeben. Sie denunzierten die Aufklärung als eine „Erzählung" des Westens, die nicht mehr Geltung zu beanspruchen habe, als irgendeine andere kulturelle Identität. Ausgerechnet als der religiöse Fundamentalismus mit seiner Einschüchterung der Redefreiheit stark wurde, kniffen nicht wenige der Intellektuellen, deren ganze Existenz nur denkbar war durch die Meinungs- und Redefreiheit, die zu anderen Zeiten erstritten worden war. Jean Améry, ein Linker, der unter dem Verrat der Linksintellektuellen an der Freiheit litt, sprach es aus: „Die Zeit, in der wir leben, ist tödlich ernst. Umso schrecklicher ist es, wenn bare Gedankenspielerei uns einreden will, es sei die klassische Vernunft nichts als ein Oppressionsinstrument herrschender Mächte, die Freiheit ein bürgerliches Vorurteil …"[24] Als Jürgen Habermas resümierend und resignierend die „neue Unübersichtlichkeit" als „Erschöpfung utopischer Energien" diagnostizierte, hatte er, was die Leistungsgrenzen und Legitimationsprobleme des Sozialstaates anging, den wunden Punkt wohl getroffen.[25] Aber er vergaß dabei den Verlust des Wirklichkeitssinns und der Fähigkeit, das Offenkundige auszusprechen. Die offene Rede wurde jetzt von denen als störend empfunden, die wenige Jahre zuvor noch jede Provokation begrüßten. Aus dem linken Bürgerschreck wurde der verschreckte Linke. Wo alles gleich gültig ist, da lähmt die Gleichgültigkeit die Instinkte des Engagements. Die Torheit des kulturellen Relativismus saugte der Linken die Kraft aus den Knochen. In dieser Atmosphäre wurde nicht nur der Begriff des Fortschritts, sondern auch das mit ihm korrespondierende politische Selbstbewusstsein aufgegeben. Die Liberalen ihrerseits liefen einmal mehr zu den Konservativen über, die jetzt die freie, tabulose Rede, die sie noch in den 1960er-Jahren verdammt hatten, für sich reklamierten. Das Bürgertum nahm eine neue Orientierung an, die auf Jahrzehnte wirkmächtig wurde. Es gebar den Neokonservatismus, der sich mit marktradikaler Wirtschaftsdoktrin verbündete.

24 Jean Améry: Ein neuer Verrat der Intellektuellen? (1977). In: Améry, Werke, Bd. 6, S. 178.
25 Jürgen Habermas: Die Krise des Wohlfahrtsstaates und die Erschöpfung utopischer Energien. In: Ders.: Die Neue Unübersichtlichkeit. Frankfurt/Main 1985, S. 141–163.

Diese neuen Konservativen waren kämpferisch, polemisch, artikuliert, machtbewusst, sie lernten von den Methoden der neuen Linken – nicht ganz selten waren sie konvertierte Linke. Und sie waren vorbereitet auf die schneidend scharfen Debatten, die nun heraufdämmerten.

Denn als der Kalte Krieg zu Ende ging, begann der Kulturkampf. Als die Grenzen sich öffneten und die postnationalen Herrschaftsräume der Sowjetunion oder auch Jugoslawiens zerbrachen, als im Nahen Osten die marxistische Doktrin an Kraft verlor und der nackte Ethnonationalismus nach der Religion griff, um sich neu zu kleiden, schlug im Westen die Stunde des neuen Konservatismus. Keine Illusionen, hieß es nun, und das fand Anklang. Gegen harte Nationalisten und religiöse Fanatiker hilft keine kulturelle Einfühlung, hieß es, und das war richtig. Der Beweis folgte.

Als das Jahr des Mauerfalls begann, rief Ayatollah Khomeini zur Ermordung des Schriftstellers Salman Rushdie und all jenen auf, die zur Veröffentlichung und Verbreitung seines Romans „Die satanischen Verse“ beitragen. Das Buch nimmt sich die Freiheit, über die Offenbarung des Islam und über den Propheten Mohammed mit den imaginativen und ironisierenden Mitteln der Literatur zu schreiben. Indien, Geburtsland Rushdies, war auf Betreiben muslimischer Parlamentsabgeordneter das erste Land, das den Roman verbot. Danach sprangen Pakistan, Saudi-Arabien und Iran auf. Über die Hintergründe der Skandalisierung wurde vieles gemutmaßt: dass Indien kurz vor einer Wahl stand und das Buch in die Mühlen der Kampagnen geriet; dass es zwischen dem sunnitisch-fundamentalistischen Wahabismus der Saudis und dem schiitisch-fundamentalistischen Klerikerregime in Teheran zum strategischen Wettstreit um die religiöse Führungsrolle kam; dass der todkranke Khomeini nach dem Desaster des irakisch-iranischen Krieges ein Mittel zur Wiederbefestigung seiner Herrschaft brauchte; dass Exilmuslime in England den Skandal aufbauten, um ihren Einfluss in den Gemeinden zu stärken; kurzum, dass es Machtkonflikte waren, die ein

Buch instrumentalisierten. Dabei sollte nur der Kern dieser verheerenden Mordkampagne nicht aus dem Blick geraten: Ein Schriftsteller, der die in der Aufklärung erkämpfte Redefreiheit künstlerisch in Anspruch nahm, um über eine Religion ohne die Fesseln religiöser Glaubensgebote zu schreiben, sollte von den Anhängern dieser Religion getötet werden. Ein Staatsoberhaupt erklärte in einem sogenannten Rechtsspruch diesen Intellektuellenmord zur Pflicht jedes Muslims und ließ, um die Hetzjagd zu beschleunigen, eine Million Dollar Kopfgeld aussetzen. Um zu begreifen, was geschah, sollte man sich noch einmal die Fernsehbilder der damaligen Hetzdemonstrationen in Pakistan und im Iran, aber auch im britischen Bradford anschauen, bei denen Fotos von Rushdie mit ausgestochenen Augen, Transparente mit der Ankündigung „Rushdie you are dead" getragen und sein von den Fanatisierten nicht gelesenes Buch verbrannt wurde.

Es muss daran erinnert werden, dass auf diese Kriegserklärung gegen die Redefreiheit sehr viele Regierungen und einzelne Persönlichkeiten sofort sehr richtig reagiert haben. Zunächst erhielt Salman Rushdie nicht von dem Land seiner Geburt – es hatte ihn billig verraten –, sondern vom Land, dessen Staatsbürger er geworden war, den nötigen Polizeischutz. Großbritannien hat, auch wenn es Debatten über die Kosten für den Staat und die Risiken für die Polizisten gab, schlicht das Fällige getan und einen Bürger geschützt, der angegriffen wurde. Seine Verleger haben keinen Rückzieher gemacht, obwohl die Mitarbeiter des Verlages selbst bedroht waren. Andere Schriftsteller stellten sich an die Seite von Rushdie. Wenige Tage nachdem die „Fatwa" im Februar 1989 verkündet wurde, stellten US-Autoren wie Norman Mailer und Susan Sontag eine Solidaritätslesung auf die Beine. Das „International Committee for the Defense of Salman Rushdie" veröffentlichte eine Erklärung von über 1000 Intellektuellen wie Graham Greene, Samuel Beckett, Mario Vargas Llosa oder J. M. Coetzee: Die westlichen Regierungen sollten Druck auf den Iran ausüben, damit der Mordaufruf zurückgezogen werde. Der syrische Philosoph Sadiq Al-Azm attackierte die „Fatwa" und verteidigte Rushdie. Auch prominente Intellektuelle West-Deutschlands, Günter Grass und Hans-Magnus Enzensberger, standen unmissverständlich an der Seite des bedrohten Kollegen, um die deutsche Publikation des Buches durchzusetzen. Grass trat aus der „Akademie der Künste" aus, weil diese eine Solidaritätslesung aus Rushdies Buch ablehnte – aus Sicherheitsgründen.[26]

Die SPD erklärte richtig: „Der freiheitliche Geist unserer Verfassung erlaubt kein Zurückweichen vor solchen Drohungen." Die unmittelbaren Instinkte erschienen intakt. Doch im Verlauf der Debatte und eingeschüchtert durch die Vehemenz der Gewaltausbrüche – in Pakistan starben fünf Protestler unter Polizeischüssen – weichte die Haltung auf. Der Verleger Neven Du Mont widerrief die geplante deutsche Veröffentlichung bei Kiepenheuer & Witsch. Rushdie selbst schildert in seiner Autobiografie, wie ein amerikanischer Lektor ihm freundschaftlich sagte, er hätte doch sicher, wenn er die Reaktionen geahnt hätte, das Buch nicht geschrieben. Er schildert, wie die britischen Sicherheitsbehörden ihn zu einer öffentlichen Entschuldigung dafür drängten, dass er die Gefühle der Muslime verletzt habe. John Le Carré schrieb, kein Autor dürfe die großen Religionen ungestraft beleidigen.[27] Ob Rushdie es „mit Absicht" getan habe, wurde allen Ernstes Streitgegenstand. Die von Islamisten betriebene Dämonisierung des Autors schlich sich in die gutmeindende Debatte ein. 1995 sagte die Orientalistin Annemarie Schimmel im deutschen Fernsehen: „Eine Morddrohung ist natürlich immer etwas Grässliches, aber ich habe gesehen, wie erwachsene Männer geweint haben, als sie erfahren haben, was in den ‚Satanischen Versen' steht. Und das ist nach meiner Meinung eine sehr üble Art, die Gefühle einer großen Menge von Gläubigen zu verletzen." Dass die Lektüre eines Buches dem Verletztsein vorangehen sollte und

26 Auf die Bemerkung eines Journalisten, dass immerhin Millionen sagten, das Buch dürfe nicht veröffentlicht werden, blieb Grass unerbittlich, siehe das Interview mit Günter Grass. Die Zeit, 10. März 1989.
27 Salman Rushdie: Joseph Anton. Die Autobiografie. München 2012, S. 299.

dass hier mit den aufputschbaren Gefühlen der Gläubigen etwas nicht stimmen könnte, auf diese Idee kam Annemarie Schimmel nicht. All dies ist nicht vorbei. Die Verfolgung und die Abwendung von Salman Rushdie haben die Maßstäbe verschoben. Der wutentbrannte Mob, der, immer gekränkt und leicht entflammbar, schon auf Gerüchte hin loslegt, die islamistische Praxis, häretische Worte oder Bilder mit Straßenkrawall und Mordanschlägen zu beantworten, hat dafür gesorgt, dass in der globalen Öffentlichkeit die „Fatwa" verinnerlicht wurde.[28] Romanmanuskripte, die den Koran oder den Propheten zum Gegenstand haben, werden heute von den Verlagen aus Gründen abgelehnt, die nichts mit den literarischen Qualitäten zu tun haben. Martin Mosebach richtete sich jüngst gegen die „billige Blasphemie": Die christlichen Kirchen reagierten nur noch verlegen. Seit aber in Deutschland eine starke muslimische Minorität lebe, sei wieder „Musik in die Sache gekommen". „In diesem Zusammenhang", so Mosebach, „will ich nicht verhehlen, dass ich unfähig bin, mich zu empören, wenn in ihrem Glauben beleidigte Muslime blasphemischen Künstlern – wenn wir sie einmal so nennen wollen – einen gewaltigen Schrecken einjagen."[29] So redet einer, der nichts zu befürchten hat, über Menschen, die in Todesangst leben und ihr Haus nicht mehr verlassen können. Es ist also nicht vorbei, was mit der Verfolgung von Salman Rushdie begonnen hat. Auch die iranische Führung hat nach dem Tode Khomeinis den Mordaufruf nie zurückgenommen. Das Kopfgeld wurde zuletzt im Jahr 2012 auf 3,3 Millionen Dollar erhöht. Andere müssen ebenfalls um ihr Leben fürchten. So der iranische Musiker Shahin Najafi, der 2005 nach Deutschland flüchtete, da das Regime seines Geburtslandes ihn für ein Lied zu drei Jahren Haft und 100 Peitschenhieben verurteilt hatte. In einem weiteren Song kritisiert er die religiöse Bigotterie der

28 So Kenan Malik: Twenty years on. Internalizing the fatwa. Spiked-Online, 12. Dezember 2008.

29 Martin Mosebach: Vom Wert des Verbietens. Frankfurter Rundschau, 18. Juni 2012.

Fundamentalisten, indem er sich fiktiv an einen schiitischen Heiligen wendet, um seine Hilfe gegen das iranische Regime zu erbitten. Daraufhin folgte das Blasphemiedekret und der Mordaufruf aus Teheran einschließlich Kopfgeld.[30]

Einwanderung, ethnische und religiöse Pluralisierung der westlichen Gesellschaften und die politische Renaissance des Islam verstärkten in den 1990er-Jahren das Schisma zwischen links und liberal, ohne es im Grundmuster zu verändern. Das Muster wurde vielmehr wieder aktiviert. Es war schon abrufbar. Es gehörte zumindest in Deutschland schon zum festen Bestand der gesellschaftlichen Lagerteilung. Die Linke forderte Verständnis für die Fanatisierten und führte die Konflikte auf soziale und ökonomische Fragen zurück. Die neuen Rechtsliberalen vertraten wie gehabt die Besitzstandsangst der Etablierten, warnten vor der Einwanderung in die Sozialsysteme und verhöhnten die Loser in der Wettbewerbsgesellschaft. In der Diskussion um das Asylrecht mochte die FDP eher zurückhaltend sein. Aber das konservativliberal gestimmte Bürgertum stand mit einer großen gesellschaftlichen Mehrheit gegen „die Asylanten", wie es herabsetzend hieß, und polemisierte gegen unkontrollierte Zuwanderung, auch wenn es sie so unkontrolliert niemals gegeben hat. SPD und Grüne waren heillos in der Defensive. Unter den Schmerzen des Pragmatismus gab die Sozialdemokratie das Grundrecht auf Asyl preis, um sich nicht vollständig von der Mehrheitsfähigkeit zu verabschieden. Auch wenn linke Publizisten es sich leichter machten, als sie die SPD attackierten, hätten sie ebenso wissen können, dass sich mit uneingeschränkter Befürwortung von Migration in Deutschland keine Politik machen ließ. In dieser Atmosphäre gediehen die neokonservativen Schmähworte gegen die „Gutmenschen". Selbst ein nobles Wort wie das des Gewissens wurde publizistisch erfolgreich herabgewürdigt zum Angriff gegen „Gewissensethiker", was so viel hieß wie naive Verantwortungslosigkeit.

30 Annabel Wahba: Zielscheibe des Hasses. Die Zeit, 26. Juli 2012.

Einwanderung war das Reizwort, vor allem wo es um den Zuzug von Muslimen, von Türken, Kurden oder Palästinensern ging. Die multikulturelle Gesellschaft, die an sich eine Realität benennt, ebenso wie der Begriff des Einwanderungslandes, wurde nicht von der Linken geschaffen. Sie ist vor allem das soziale Ergebnis eines wirtschaftlichen Interesses an billiger Arbeit, wie es sich in der Anwerbung von „Gastarbeitern" niederschlug, denen das Bürgerrecht lange verweigert wurde. Dass „Multikulti" zum Kulturkampfbegriff der Rechten wurde, bestätigt, dass Konservative stets bereit sind, auf die Ethnisierung und Kulturalisierung von politischen Konflikten einzusteigen. Dass sie aber Erfolg damit hatten, lag auch an der selbstverschuldeten Wehrlosigkeit der Linken im Kulturdiskurs. Die Menschen, die kamen, brachten die nationalen Identitätskämpfe ihrer Heimatländer mit, und sie als Gleiche anzuerkennen, muss auch heißen, ihre Ideologien mit gleichem Maß zu beurteilen. Nationalistische und religiös fundamentalistische Einwanderer sind Rechtsextreme, die wie ihre europäischen Verwandten einer Ideologie der Ungleichheit anhängen. Das hätten Linke immer wissen und sagen müssen. Als ethnisches Selbstbestimmungsrecht kann nicht verbrämt werden, was allein mit dem Maß gleich gültiger Freiheitsrechte zu bestimmen ist: ob kulturelle Traditionen die Unterdrückung von Frauen und Kindern rechtfertigten, ob nationale und religiöse Loyalitäten des Nahen Ostens zur Bedrohung von Juden und zum Angriff auf die Kunstfreiheit führen. Was macht es für einen Unterschied, ob ein Rabbiner in den Straßen Berlins von einem Neonazi oder einem Islamisten angegriffen wird, ob Homosexuelle von der katholischen oder der muslimischen Rechten verunglimpft werden? Wie kann man sich gegen Nazis empören, aber gegenüber Islamisten nachdenklich den Kopf wiegen? Das sind keine akademischen, sondern für die Angegriffenen existenzielle Fragen nach ihrem gesicherten und geschützten Recht auf körperliche Unversehrtheit. Für sie gibt es zwischen Recht und Unrecht, zwischen Leben und Mord, keinen Kompromiss. Häufig wird vor der Dramatisierung gewarnt: Ist nicht die übergroße Mehrzahl der Integrationsgeschichten gelungen? Ja, und diese Geschichten verdienen erzählt zu werden. Sie machen Mut. Aber seit wann lassen sich kritische Linke durch das gesellschaftlich Gelungene von dem ablenken, was problematisch ist und verbessert werden muss? Über die problematische Seite der Einwanderung ohne Krampf und Angst zu reden, heißt, sozialen Fortschritt zu suchen, und man muss, um verbessern zu können, harte Probleme klar benennen können. Wer stattdessen auf Unrecht einen kulturell begründeten Rabatt gibt, gerät in der Auseinandersetzung mit dem Rechtspopulismus in die Defensive.

Der Mord an dem niederländischen Filmemacher Theo van Gogh am 2. November 2004 durch den islamisierten Fanatiker Mohammed Bouyeri, Kind marrokanischer Einwanderer, trieb den Konflikt auf die Spitze. Auch dies ist eine Lehre, die jedem in die Glieder fahren muss, dem eine offene Gesellschaft etwas wert ist.[31] Was schon in der Karriere des schrillen Kulturrechten Pim Fortuyn angelegt war, der 2002 von einem radikalen Tierschützer erschossen worden war, entfaltete sich jetzt durch Theo van Gogh in einem für Holland beispiellosen Drama: Ayaan Hirsi Ali, die aus Somalia stammende Frau, die in Saudi-Arabien und Kenia in Berührung mit dem radikalen Islam gekommen war und sich von der Religion ihrer Geburt abgewandt hatte, machte den Islam als solchen verantwortlich für die Hassreden gegen Homosexuelle und Juden, sie kritisierte nicht fundamentalistische Strömungen, sondern den Koran selbst, die Offenbarung des Islam, als Manifestation der Ungleichheit und der Aufforderung zur Gewalt gegen „Ungläubige“. Ayaan Hirsi Ali argumentierte kompromisslos. Sie verstörte die prekäre Toleranz, die darauf baute, nicht allzu genau hinzusehen und in Fragen kultureller Gegensätze nicht allzu scharf zu urteilen, um vor allem Ruhe zu bewahren. Sie

31 Eindrucksvoll in der gewissenhaften Recherche dieser Geschichte ist Ian Buruma: Die Grenzen der Toleranz. Der Mord an Theo van Gogh. München 2007.

polarisierte. Das führte dazu, dass sie in den Niederlanden die Unterstützung vieler Kulturlinker und Sozialdemokraten verlor, die ihr Islamfeindlichkeit vorwarfen und die den Muslimen eine so hart geführte Kontroverse nicht zumuten wollten. Sie gewann allerdings den Beistand von Theo van Gogh, einem notorischen Enfant terrible, der die scharfe Auseinandersetzung mit allen Mitteln der Provokation als Beleg intakter Meinungsfreiheit ansah. Waren Ayaan Hirsi Ali und Theo van Gogh also selbst Schuld, wenn sie von radikalen Muslimen bedroht wurden? Ihr kurzer Zehn-Minuten-Film unter dem Titel „Submission", in dem Koranverse wie Peitschenhiebe auf der Haut einer misshandelten Frau erscheinen, ist sehr lowbudget und keine künstlerische Glanzleistung. Kommt es aber darauf an? Die Misshandlung von Frauen durch radikale Islamisten wird kaum jemand bestreiten. Ist der Film also nur unnötig provokant? Die Reizbarkeit von potenziellen Gewalttätern zum Maßstab dessen zu machen, was an Redefreiheit und Emanzipation erlaubt ist, dies gab es in den noch vom konservativen Moralkodex beherrschten Gesellschaften des Westens schon einmal, etwa im Fall von vergewaltigten Frauen, denen „unsittliche" Kleidung oder „aufreizendes" Benehmen vorgeworfen wurde. Im einen wie im anderen Fall ist es ein moralisch verirrtes Denken, Opfer zu Tätern zu machen, die die Tat provoziert hätten. Wer Ayaan und Theo – oder Salman oder Shahin – nicht mehr zur Seite steht, sollte sich nicht wundern, wenn er die Geert Wilders oder Schlimmere bekommt.

Nicht nur feministische Frauen, exzentrische Homosexuelle und provokante Künstler, nein, die gesellschaftliche Mitte fühlt sich bedroht durch die Freiheitsverachtung des radikalen Islam. Und sie ist damit im Recht. Denn ebenso wie jede und jeder Linksliberale unzweideutig gegen Nazismus und Antisemitismus zu streiten bereit ist, muss er, muss sie gegen den gewaltbereiten Extremismus unter Muslimen stehen. Gleiche Rechte allen Menschen unabhängig von Herkunft, Religion oder Geschlecht! heißt die intakte Maxime der aufklärerischen Linken. Das heißt im Umkehrschluss: Gegen die Ideologen der

Ungleichheit ohne Ansehen ihrer Herkunft oder Religion! Der Islam ist, wo er die Freiheit verletzt, wie jede andere Religion auch als Religion kritisierbar. Dieses Feld den rechten Populisten zu überlassen, grenzt an Verrat der eigenen Werte und Prinzipien. Weil man die Menschen im Stich lässt, die missachtet werden und bedroht sind. Und weil man den Wert der Freiheit ihren falschen Freunden überlässt, den rechten Wölfen im liberalen Schafspelz. Der Rechtspopulismus greift sich den universellen Wert der Freiheit nur als Fassade. Dahinter verbirgt er seinen eigenen, wahlweise christlichen, weißen, europäischen oder nationalen Ethnozentrismus, seine kulturelle Arroganz und seinen militanten Dominanzanspruch über Menschen anderer Herkunft. Wie rasch er wieder zum Rechtsterror ausschlagen kann, zeigen die Morde des „Nationalsozialistischen Untergrunds“ in Deutschland und das Breivik-Massaker in Norwegen.

Nur wer das Freiheitsrecht als Kompass nicht aus der Hand gibt, kann in diesem oft verwirrenden Dickicht des Kulturkampfes im 21. Jahrhundert einen klaren Kopf behalten und eine unmissverständliche Sprache sprechen.

In der Krise des Finanzkapitalismus: Ein vergessener, verschwiegener und verachteter Wert

Ein Grundübel der letzten drei Jahrzehnte ist das Verschwinden des Begriffs der Freiheit hinter dem des Marktes. Der Markt aber ist weniger als die Freiheit. Er steht zu ihr, unter den Vorzeichen der Demokratie, in einem dienenden Verhältnis. Die Probe aufs Exempel ist die Verletzung der Freiheit durch den Markt. Das könne gar nicht sein, schallt es bis heute aus dem Mainstream der Wirtschaftskommentare zurück. Ordnungsökonomen wie Walter Eucken immerhin wussten es noch besser: Zusammenballungen großer privatwirtschaftlicher Marktmacht erdrücken die Entfaltungsfreiheit des Menschen. Sie bestimmen das Angebot, sie diktieren die Preise, sie zerstören die Konkurrenz, sie drücken die Löhne und bringen die Arbeitnehmer in unwürdige Abhängigkeiten. Der „Hang zur Monopolbildung" galt ihm als Hauptproblem des Laissez-faire-Kapitalismus.[32] Politische Interventionen im Sinne einer ausgleichenden Ordnung, die auch die soziale Frage beantwortet, galten nach 1945 als selbstverständlich. Doch haben die Denker des absoluten Marktes aus dem Diener einen Meister zu machen versucht, dem alles andere nachgeordnet ist, einen Zaubermeister, der aus den aufaddierten Egoismen der Menschen Wohlstand und Gemeinwohl schöpft, so dass eine kluge Regierung besser die Egoisten schützen sollte als das Gemeinwohl. Das Bild der „unsichtbaren Hand" hat Adam Smith in seinem 1776 erschienen Buch vom „Wohlstand der Nationen" eher unauffällig verwendet. Er wollte den Unterschied zwischen individuellen Absichten und nichtintendierten gesellschaftlichen Wirkungen einer Investitionsentscheidung illustrieren.[33] Dieser Verweis hat sich inflationär vervielfältigt. Die Metapher hat ein Eigenleben erhalten, das sich vom eher skrupulösen Autor löste, der ein Moralist mit scharfem Blick für mangelnde Fairness und für Ungleichheit der Wohlstandsverteilung war. Sie nährt die Mythenbildung der Marktpropheten bis heute. Die vom Staat bereinigte Wirtschaft wurde mit Heilserwartungen aller Art aufgeladen, in den Ideologiekämpfen des 20. Jahrhunderts auf äußerst wirksame Weise durch Milton Friedman, den großen Popularisierer des absoluten Marktes, ein wahrer Polyphem, der auf jedes Problem, ob Bildung, Gesundheitsversorgung, Drogen, Umweltverschmutzung, Arbeitslosigkeit, mit der Parole „mehr Markt" antwortete. Nach Keynes entfaltete kein anderer Ökonom einen sol-

32 Walter Eucken: Grundsätze der Wirtschaftspolitik (1952). Tübingen 2004, S. 30ff.

33 Vgl. die Spurensuche von Michael S. Aßländer: Freiheit ist kein Selbstzweck. Adam Smiths „Wohlstand der Nationen". Merkur 736/737, September/Oktober 2010, S. 776–783.

chen Einfluss. Seit den 1970er-Jahren folgten ihm nicht nur US-Regierungen, sondern auch viele Länder Lateinamerikas. Mit sehr strittigen Ergebnissen. Paul Krugman teilt die nordamerikanische Nachkriegsgeschichte in zwei Hälften, vor Friedmans Einfluss, 1947 bis 1976, und danach, 1976 bis 2005. Der Vergleich zeigt, dass die durchschnittlichen Haushaltseinkommen in der ersten Hälfte jedenfalls sehr viel stärker gewachsen sind. Unzweifelhaft ist nur die wachsende soziale Ungleichheit in der zweiten Hälfte.[34]

Friedman schrieb unter dem Eindruck des Staatssozialismus in Osteuropa. Er legte Wert auf die Verbindung von „Kapitalismus und Freiheit".[35] Der Markt sollte nicht nur ökonomisch wirken, er sollte auch der politischen Freiheit zum Durchbruch verhelfen. Die Evidenz dieser These ist nicht minder zweifelhaft. Friedman selbst dementierte sie, als er 1973 Wirtschaftsberater des chilenischen Militärdiktators Pinochet wurde, der mit Hilfe der USA gegen den frei gewählten Präsidenten Salvador Allende putschte. Während Tausende Chilenen ermordet, Zehntausende gefoltert wurden, führte der Diktator eine Marktwirtschaft nach Friedmans Rezepten ein. Wer „mehr Markt" sagt, sagt also nicht zugleich auch „mehr Freiheit". Die autoritären Regime außerhalb des Kommunismus, die Obristenstaaten und Präsidialdiktaturen von Lateinamerika bis Afrika, vom Nahen Osten bis nach Südostasien, haben typischerweise keine Probleme damit, den ungehemmten Kapitalismus zu fördern, die Clubs und Gated Communities aus dem Boden sprießen zu lassen, sich mit den Reichen und Schönen des internationalen Jetset zu schmücken und selbst zu bereichern. Die Schweizer Nummernkonten spiegeln das Who-is-Who der marktfreundlichen Menschenverächter. Wer den Markt zum Meister aller Dinge macht, bringt ihm jedes Opfer dar. Zuerst das Streben nach Gerechtigkeit und so-

34 Paul Krugman: Who was Milton Friedman? The New York Review of Books, 15. Februar 2007.

35 Milton Friedman: Kapitalismus und Freiheit (1962). München 2004, S. 30ff.

zialem Ausgleich, aber im Zweifel eben auch die Freiheit und die Demokratie.

Der Marktradikalismus, soweit haben seine Anhänger recht, war niemals nur eine ökonomische Theorie, sondern immer auch eine politische Position. Sie ist zwar ökonomistisch, indem sie jeden Bereich des Lebens unter die Herrschaft von Kosteneffizienz und Konkurrenzfähigkeit bringen will. Aber sie greift nach der Politik, um die kalte Vision vom Überleben der Tüchtigsten überall durchzusetzen. Sie denunziert als die größte Gefahr für die Wirtschaft die kollektiven Verbünde, den Staat, die Gewerkschaften, ja die Gesellschaft als solche. Und sie gibt vor, diese Verbünde mit den Mitteln der Politik brechen zu wollen, um der Freiheit der Wahl den Weg zu ebnen. Das ist die propagandistische Seite. In der Praxis war es Marktradikalen egal, ob der Staat zu mächtig wurde, wenn er nur Privateigentum, niedrige Steuern und freien Handel ermöglichte.[36] Ob diktatorisch oder demokratisch war zweitrangig. Friedrich August von Hayek immerhin zog die Demokratie unter Kostengesichtspunkten vor, weil es billiger sei, Stimmen auszuzählen, als einen Bürgerkrieg zu bezahlen.[37] In der Praxis ist es den Anhängern des absoluten Marktes auch egal, dass wirtschaftliche Mächte Monopolstellungen erobern, Medien steuern, Politiker bezahlen und den Staat instrumentalisieren, um sich Privilegien zu verschaffen, für die das Kollektiv der Steuerzahler geradestehen soll. Wirtschaftsmacht gilt ihnen immer als legitim, solange sie nur im Privatbesitz ist. Der Marktradikalismus ist also gemessen an seinen Ansprüchen weder intellektuell konsistent und glaub-

36 Im Vorwort zur deutschen Neuauflage seines Buches schrieb Friedman im Jahr 2002 offen, er habe zu wenig darauf geachtet, dass die politische Freiheit *keine* unabdingbare Voraussetzung für die wirtschaftliche und bürgerliche Freiheit sei. Unter manchen Bedingungen könne die politische Freiheit die wirtschaftliche Freiheit auch behindern. Ebd., S. 18. Das asiatische Modell von Kapitalismus ohne Freiheit beeindruckte ihn.

37 Vgl. Martin Jeschke: Ideen, nicht nur Interessen entscheiden. Friedrich August von Hayeks „Die Verfassung der Freiheit". Merkur 736/737, September/Oktober 2010, S. 852–858 (855).

würdig, noch kann er praktisch auf unzweifelhafte wirtschaftliche Erfolge verweisen. Sein großer Erfolg ist vielmehr die Veränderung der Mentalitäten. Auf ambivalenter Erfahrungsbasis hat sich in den Köpfen durchgesetzt, dass der entregelte als der „vollkommene" Markt wirtschaftlich immer überlegen ist. Mehr noch, seine glühenden Anhänger haben es fertiggebracht, den Freiheitsbegriff durch die Idee des Marktes zu annektieren. Die Parteien des Liberalismus haben das begeistert aufgenommen. Der alte, aus dem 19. Jahrhundert geerbte besitzbürgerliche Reflex gegen die egalitäre Demokratie ist immer lebendig geblieben. Neue Konservative und marktradikal wiedergetaufte Wirtschaftsliberale reichten sich die Hände. Die Magna Charta, die sie einte, war das Recht des Stärkeren, das im absoluten Markt seinen Kampfplatz hatte. Der Erfolg dieser Idee war so durchschlagend, dass er auch die Gegner des sogenannten „Neoliberalismus" erfasst hat (eigentlich der falsche Begriff, weil die Neoliberalen der 1940er-Jahre gegen Laissez-faire waren, aus der Weltwirtschafskrise die Brisanz der sozialen Frage vor Augen hatten und den Markt einhegen wollten). Auch die Gegner des absoluten Marktes haben die Verdrängung der politischen Freiheit mitgemacht. In der hässlichen Gestalt einer Wirtschaftsderegulierung, die unsere Gesellschaften zerreißt, haben sie den Wert der Freiheit verachten gelernt.

Die Revolutionen des Jahres 1989 waren in Wahrheit eine Sternstunde der politischen Freiheit. Für Deutschland hatte dieser Aufbruch, der aus Osteuropa kam, eine gar nicht zu überschätzende historische Bedeutung, weil es, wie verspätet oder nachholend auch immer, seine erste gelungene demokratische Revolution war. Dass die nationale Einigung ohne Revanchismus in guter europäischer Nachbarschaft gelang, wie es Willy Brandt mit der neuen Ostpolitik für die Zukunft erhofft hatte, bestimmt das internationale Ansehen und die positive strategische Lage des Landes am Anfang des 21. Jahrhunderts. Welches andere Ereignis seit der Befreiung von Hitler und der Austreibung des Nazismus hätte den Deutschen so gut getan! Vor diesem Hintergrund sollte es eigentlich eine traurige Überraschung sein, wie wenig von dem Ansehen der Freiheitsbewegungen von 89 in der politischen Kultur des geeinten Deutschland übrig geblieben ist. Die Marktradikalen haben mit ihrer Annexion des Denkens also in der Tat ganze Arbeit geleistet. Die Öffnung der Grenzen war das eine, das Internet kam dann hinzu, aber die durchdringende gesellschaftsprägende Kraft der postrevolutionären Ära war die Idee des absoluten Marktes, die in den jetzt geistig offenen Ländern Mittel- und Osteuropas wie ein heißes Messer durch die Butter der Freiheitsverheißungen ging. Überall waren Mehrheiten, die dem Wohlstandsversprechen von „unsichtbarer Hand“ glaubten, bereit für dieses Experiment. Die Nachfragemärkte aber waren durch etablierte Unternehmen aus dem Westen gut versorgt und hatten keinen Bedarf an osteuropäischer Produktion. Der Konsument wurde König, ein König in Lumpen, denn als Erwerbsloser ging er bald am Bettelstab. Die Kapitalmärkte hatten in der Regel keine Geduld für die aufwändige Modernisierung des maroden Bestandes an Betrieben. Industrien brachen in der Privatisierung flächendeckend zusammen. Massenarbeitslosigkeit war die typische Erfahrung. In den Nachfolgerepubliken der Sowjetunion ging es noch anders zu. Aus kommunistischen Bürokraten wurden kapitalistische Kleptokraten, die sich öffentliches Eigentum unter die Nägel rissen. Auch sie hatten Berater aus der Schule Milton Friedmans in den Vorzimmern sitzen, denen Rechtsstaat und Demokratie egal waren. Neue märchenhafte Privatvermögen wanderten in die Anonymität des globalen Bankgeheimnisses, das sich hier und da lüftet, wenn Werften mit obszönen Luxusjachten beauftragt werden und die Designerläden in London, Paris oder Berlin gute Geschäfte machen. Den einen die Sozialhilfe, den anderen Monaco im Bentley. Wenn das Freiheit sein soll, sind Nationalismus und Kommunismus vielleicht doch keine so schlechte Ideen, denken sich so manche postkommunistischen Protestwähler.

Das Trugbild des „vollkommenen“ Marktes steht hinter dem Ruin der Liberalen, die dem Teufel des Sozialdarwinismus ihre Seele verkauft haben. Das wäre zu verschmerzen, wenn es nicht die Idee der Freiheit mitinfiziert hätte. Die Zeitenwende der Jahres 2008 hat dies nicht gebessert, sondern verschärft. Denn nirgendwo ist der Ansehensverlust des Liberalismus so verheerend wie in der Krise des Finanzkapitalismus. Sie hat ihren Ursprung nicht bloß in einem „giftigen“ Finanzprodukt wie den berüchtigten Verbriefungen von faulen Hypothekenkrediten, die zu Tausenden gesammelt, in einen Topf geschmissen und dann kapitalmarktfähig neu verpackt und an Investoren ausgereicht wurden – als „Mortgage Backed Securities“ (MBS). Entscheidend ist nicht nur, dass diese Produkte den Banken erlaubten, Kreditrisiken aus ihren eigenen Bilanzen zu schieben und größeren Profit mit dem Geld ahnungsloser, aber ihrerseits renditegieriger Anleger zu machen, die in den Handel mit Immobilienschulden einstiegen. Zwar wurde die Verschleierung wahrer Ausfallrisiken durch die Manager und Händler von Goldman Sachs und Co durch kriminelle Energien getrieben, und die Porträts der Köpfe hinter dem Desaster sind eine erhellende Lektüre.[38] Doch am Ursprung der Krise geht es um Armut und Schulden privater Haushalte – und um die Spekulation mit diesen Schulden. Colin Crouch weist auf den Zusammenhang zwischen Arbeitslosigkeit, schlechten Löhnen, unsicherer Beschäftigung und dem dadurch drohenden wirtschaftlichen Nachfrageausfall unter marktradikalen Vorzeichen hin. Konsumentenverschuldung war in den USA der Ausweg zur Konjunkturstimulierung, „Deficit Spending“ nicht der öffentlichen, sondern der privaten Haushalte.[39] Im Falle des schuldenfinanzierten Hauskaufs von Familien, die sich das eigentlich nicht leisten konnten, ging es um die neokonservative Variante des „American

38 Bethany McLean and Joe Nocera: All the devils are here. The hidden history of the financial crisis. New York 2010.

39 Colin Crouch: Das befremdliche Überleben des Neoliberalismus. Berlin 2011, S. 163 f.

Dream", die jedem vorgaukelte, er könne aus dem Nichts ein Vermögen schaffen, und ihn damit in die Abhängigkeit vom Kapitalmarkt trieb. Die Subventionierung solcher „Subprime"-Darlehen durch den Staat blies die Verschuldungsblase auf, deren Platzen ein auf Lüge und Betrug beruhendes System zum Einsturz brachte, symbolisiert in der Pleite von Lehman-Brothers am 8. September 2008. Die Ausmaße dieser Spekulation mit der Armut gehen aber über die Immobilienblase hinaus. Als „Asset Backed Securities" wurden schließlich auch Anleihen zusammengerührt, die aus Kreditkarten- und Studentendarlehen oder Schulden aus dem Autokauf bestehen. Wieder zeigt sich: Der Konsument ist im System des Marktradikalismus ein König in Lumpen, der ein Einkommen verpfändet, das er noch gar nicht hat. Die Renditejäger des Finanzkapitalismus wiederum treiben Handel mit diesem Pfand. Dieses Geschäft hat nicht nur Verlierer. Zu den Gewinnern zählen auch die Güterindustrien der exportorientierten Industrieländer, die den verschuldeten Konsumenten weltweit beliefern. Die größten Vermögen aber entstehen im System der Finanzanlagen selbst, die ein immer größeres Volumen bekommen. Der Markt für Kreditverbriefungen in den USA betrug im Jahr 2000 rund 5 Billionen, im Jahr 2006 schon 11 Billionen US-Dollar. Wer hier schnell ist und rechtzeitig ein- und wieder aussteigt, wird reich. Wer am Ende der Kette den Absprung verpasst, muss die aufgetürmten Ausfälle tragen. Die Vermögen der Gewinner wachsen auch nach dem Zusammenbruch des Jahres 2008. Im Jahr 2012 wurden die 100 reichsten Personen der Welt um 241 Milliarden Dollar reicher. Sie wollen ihr Geld aus dem Strudel der Verluste und des Kollapses von Volkswirtschaften so weit wie möglich herausziehen und darauf so wenig Steuern wie möglich zahlen. Ein erheblicher Teil des globalen Finanzvermögens wandert in sogenannte „Offshore-Zentren", „Steueroasen", in Wahrheit Fluchtburgen neofeudaler Finanzkriminalität, deren Bankgeheimnis den Schleier über die Steuerhinterzieher deckt. Allein die Schweiz verwaltet davon nach Rechnungen der Boston Consulting

Group sagenhafte 2,8 Billionen Dollar.[40] Heillose Verschuldung auf der einen, grenzenlose Bereicherung auf der anderen Seite: Die soziale Ungleichheit ist die Ursache von Aufblähung und Krise des Finanzkapitalismus.

Wer stand nun am Ende der Kette und bei wem sammelten sich die Verluste der Krise? Natürlich gingen auch private Vermögen in Rauch auf, wo Kredite abgeschrieben werden mussten. Lehman wurde fallen gelassen. Aber längst nicht alle faulen Kredite wurden abgeschrieben. Allein der Bailout der American International Group (AIG) kostete die US-Regierung 85 Milliarden Dollar! Finanzminister Hank Paulson intervenierte mit dem „Troubled Asset Relief Program" (TARP), um die acht größten amerikanischen Banken vor dem Bankrott zu retten. TARP hatte ein Volumen von 700 Milliarden US-Dollar. Es folgten die europäischen Staaten. Von 2008 bis 2010 wendeten sie 1,6 Billionen Euro auf, um den Finanzsektor zu stabilisieren. Allein das deutsche Rettungspaket vom Oktober 2008 umfasste 400 Milliarden Euro an Garantien und 80 Milliarden Euro an Kapitalspritzen. Das geschah, um eine Brandmauer zum Schutz von Sparern, produzierenden Unternehmen und Arbeitnehmern zu errichten. Tatsache bleibt aber: Der Staat, der hier nichts anderes ist als das Kollektiv der Steuerzahler, rettete mit schwindelerregenden Summen gigantische Privatvermögen. Er rettete die Reichen. Die Banken, ihre Eigentümer, ihre Anleger, ihre Manager und Rechtsanwälte betreiben nun nach wie vor aggressiven Lobbyismus zugunsten niedriger Kapital- und Transaktionssteuern, nachlässiger Regulierung und zahnloser Aufsicht. Die am meisten Begünstigten zeigen die geringste Bereitschaft zum Ausgleich der öffentlichen Schulden. Wer sein Geld sichern konnte, nutzt wie gehabt die legalen, halblegalen und illegalen Schlupflöcher, um dem Fiskus, dem er die Rettung verdankt, eine lange Nase zu zeigen. Dieser Finanzkapitalismus verletzt die Gerechtigkeit und bedroht die Freiheit. Verluste werden sozialisiert, Gewin-

40 Süddeutsche Zeitung, 3. Januar 2013, S. 13.

ne privatisiert. Staaten, Steuerzahlern, Arbeitnehmern oder Rentnern wird die Kostenlawine bankrotter Banken und abgestürzter Realwirtschaften vor die Füße gekippt. Auch die stärksten Staaten sind damit überfordert und werden in immer höhere Verschuldung getrieben.

Nach 1989 hieß es, der „real existierende Sozialismus" – Staat ohne Markt – sei ein gescheitertes Experiment. Das ist nicht falsch. Heute ist nun in einem weiteren kostspieligen Experiment klar geworden: Ein Markt ohne Ordnung kann nicht überleben. Ohne Recht und Gesetz bricht der Markt zusammen. Deshalb sind es die Marktakteure, die den rettenden Staat in Anspruch nehmen. Deshalb warnen jetzt Konservative vor dem entfesselten Kapitalismus. Nach Eintritt des Schadens haben diese Leute Angst um den Bestand des Privateigentums – und zu Recht. Die Revolution des Chicagoer Marktradikalismus frisst ihre Kinder. Die ungebremste Marktanomie vernichtet Vermögen, verzehrt das Vertrauen, zerfrisst die Ethik der Verantwortung und damit auch die Voraussetzung der Freiheit.

Der Markt ist jetzt das Feindbild der Stunde. Was gestern die Segen spendende „unsichtbare Hand" war, ist heute zum „Monster" mutiert. Der frühere IWF-Chef Horst Köhler, ein konservativer Finanzfachmann, der noch 2005 als Kandidat einer marktliberalen Parteienallianz zum Bundespräsidenten gemacht wurde, warnte im Mai 2008, die internationalen Finanzmärkte hätten sich zu einem Monster entwickelt.[41] Aus dem positiven ist ein negativer Mythos geworden. Die Unaufgeklärtheit aber, die diese Bilder spiegeln, sie ist geblieben. Die zoologischen Wutmetaphern gegen den Kapitalismus, die Rede von Heuschrecken und Raubtieren, die beim ersten Gebrauch ein Weckruf ist, nutzt sich rasch ab, und mit jeder gedankenlosen Wiederholung sinkt ihr Aufklärungspotenzial. Die Dauerempörung wird ohne analytisch informierten Handlungswillen zur Hilflosigkeit.

41 Horst Köhler im Interview mit dem „Stern", 15. Mai 2008.

Statt weiter Mythen in Umlauf zu bringen, empfiehlt sich die illusionslose Frage: Was ist der Markt? Jedenfalls kein übernatürliches Wesen. Der Markt ist immer eine Einrichtung der Gesellschaft gewesen. Er besteht immer aus einem Geflecht sozialer Beziehungen. Er ist immer der Machtfrage unterworfen, wer ihn begründet, beeinflusst, verändert und regelt. Der alte Marktplatz, wo die „Mercatores", die Kaufleute, Handel trieben, und der der Sache den Namen gab, war ein abgegrenzter Ort. Das Recht, einen Markt abzuhalten, wurde den Städten vom König, Fürsten oder Bischof herrschaftlich verliehen. Markthoheit, Marktrecht und Marktfrieden waren konstitutiv für den Handel, aber auch für den politischen Machtzuwachs der Städte. Kaum etwas haben die Patrizier so sorgfältig beaufsichtigt wie ihre Märkte. Dass die alten Rathäuser auf die Marktplätze schauen, ist kein Zufall. Märkte sind also historisch dort entstanden, wo der Tausch politisch-rechtlich institutionalisiert war. Das hat sich im Grundsatz auch dadurch nicht verändert, dass ihre räumlichen Grenzen immer weiter gezogen wurden. Sie sind immer ein Produkt politischer Macht gewesen. Die öffentliche, nicht die unsichtbare Hand gewährleistet das Marktrecht. Der Markt ist in der modernen Gesellschaft immer mit dem Staat verflochten. Der oft bemühte Gegensatz zwischen Markt und Staat führt also auf die falsche Fährte. Sie stehen sich nicht unvereinbar gegenüber.

Wie sehr der „absolute" Markt der Marktradikalen eine Folge politischer Entscheidungen war und wie intim das Zusammenspiel zwischen Unternehmen und Regierungen funktioniert, hat Colin Crouch in seinem Buch „Das befremdliche Überleben des Neoliberalismus" betont.[42] In dieser Blickrichtung ist nicht mehr der anonyme Markt das Übel. Die marktbeherrschenden Akteure treten hervor und werden wieder erkennbar. Sie sind die Nutznießer. Nicht das Prinzip des Wettbewerbs gewinnt, sondern bestimmte Unternehmen profitie-

42 Colin Crouch: Das befremdliche Überleben des Neoliberalismus. S. 109ff.

ren, wenn öffentliches Eigentum zu Vorzugsbedingungen privatisiert wird und wenn staatliche Lizenzen an die vergeben werden, deren Einfluss am größten ist. Nicht das Prinzip der privaten Haftung für geschäftliche Risiken wird gestärkt, sondern Anteilseigner und Manager sind die Nutznießer, wenn der Staat die explodierenden Kosten der von Privatunternehmen verbockten Großprojekte begleichen muss. Milton Friedman schrieb „There is no free lunch!", um den Sozialstaat, in dem einige auf Kosten anderer lebten, zu verunglimpfen. Zieht man aber den Schleier der verlogenen Staatsfeindschaft beiseite, sind es im real existierenden Marktradikalismus die bevorzugten und von Haftung freigestellten Privatunternehmen, die sich aushalten lassen und die sich das öffentliche Vermögen zur Beute machen. Es hat bestimmt nicht die reine Lehre des Marktes gefördert, sondern eine Elite des Finanzkapitalismus bedient, als die Staaten entschieden, Banken zu retten. Hinter dem Vorhang des Ideologie-Theaters, das um „Staat oder Markt" aufgeführt wird, ist eine handfeste Privilegienherrschaft entstanden, die den Bürger enteignet.

Die große Verletzung im Selbstbild des Bürgertums

Der ganze Stolz des Bürgers ist, was er für seine überlegene Ethik hält. Im Selbstbild des neuzeitlichen Bürgertums steht die goldene Regel an erster Stelle. Sie hält die soziale Identität – das also, was der Bürger in der Gesellschaft darstellen will – trotz aller Spannungen zwischen Eigennutz und Gemeinwohlverantwortung zusammen. Die Regel besagt in der Form von Kants kategorischem Imperativ: Handle stets so, dass die Maxime deines Handelns zu einem allgemeinen Gesetz taugt! Verallgemeinerbarkeit des Handelns geht einher mit Vorbildfähigkeit. Der Bürgerstolz befragt wie in Grimms Märchen den Spiegel: Sage mir, wer ist der Beste im Land? Wer kann seinen Absichten und seiner Lebensführung nach ein Vorbild für alle anderen abgeben? Der wohlhabende Kaufmann, der Freiberufler, der Unternehmer, auch der Handwerker und Facharbeiter, der Professor, der Kirchen- oder Staatsmann, die in Führungspositionen aufgestiegenen Frauen, sie alle waren lange mit dem, was ihnen der Spiegel zeigte, zufrieden – obwohl die Mehrheit weniger Glück hatte und ärmer dran war. Denn persönlicher Einsatz, Anstrengung und Erfolg stünden schließlich – so das bürgerliche Selbstbild – allen offen. Auch harte Armut anderer ließ sich damit vereinbaren. Die einzige Frage, die zählte, lautete: Wer erwirbt sich welche Meriten, die ihn auszeichnen und in Position bringen? Wer schafft etwas und spornt damit andere an, es ihm gleichzutun? Die liberale Meritokratie ließ sich nicht stören durch die Tatsache der sozialen Ungleichheit, solange sie die Gewissheit behielt, dass das Unglück anderer einem Mangel an Leistung geschuldet, dass es ein entrinnbares Unglück war. Je nach Temperament konnte man es bedauern oder die Versager an den Pranger stellen, mit Gleichgültigkeit, karitativen Wohltaten oder mit Strafmaßnahmen antworten. Es änderte nichts daran, dass sich sowohl die Philanthropen als auch die Hartherzigen unter den Erfolgreichen im Besitz einer überlegenen moralischen Haltung glaubten. Sie hoben den pädagogische Zeigefinger und predigten: Nicht ich, nein, du musst dein Leben ändern! Das galt den sozial Schwachen im eigenen Land ebenso wie den Unterentwickelten der globalen Armutsregionen. Solange der Bürger „Werdet wie ich!“ sagen und sich am Klang seiner eigener Ruckreden begeistern konnte, solang war seine Welt in Ordnung. Als ihm aber der Spiegel nicht mehr wie gewünscht schmeichelte, sondern die hässliche Ungerechtigkeit der Verhältnisse vorhielt, von denen er profitierte, da machte sich Unbehagen breit.

Diese Verunsicherung erfasst nicht nur die Anhänger eines marktliberalen Weltbildes. Es fällt zwar leicht, ist aber nicht ausreichend, hier mit dem Finger auf die „Neoliberalen“ zu zeigen. Die Rede vom „bürgerlichen Lager“, das unter seinen inneren Widersprüchen zerbreche, schlägt einen falschen Ton der Genugtuung an. So als sei eine marginale Gruppe oder absterbende Klasse gemeint. In Wahrheit sind wir aber alle bürgerlich geblieben. Und das Unbehagen über die scharf zutage tretende Verlogenheit in der bürgerlichen Kultur reicht bis an die Wurzeln der Moderne, die ihre Legitimität aus dem allgemeinen Glücksversprechen bezieht und die nahezu jedem modernen Kopf den politischen Kompass gibt. Die Story von Thomas Jefferson, der die Verheißung der Gleichheit formulierte und zugleich auf seinem Landsitz Monticello in Virginia eine Sklavenwirtschaft betrieb, entzündet noch heute heftige öffentliche Kontroversen, weil die Doppelmoral des Gründungsvaters symptomatisch für die Realverfassung der bürgerlichen Gesellschaft ist. Sie postuliert Ansprüche, die nicht halten, was sie versprechen. Anstrengung und Aufstieg, Leistung und Erfolg fallen auseinander. Wenn sich aber die Verbindung von persönlicher Leistung und gesellschaftlicher Anerkennung auflöst, dann ist nicht nur eine Kaste von Marktideologen delegitimiert, sondern der demokratische Begriff von Gerechtigkeit schlechthin. Infrage gestellt wird die Vertrauenswürdigkeit der Demokratie. Denn was bleibt ihr noch, wenn das universelle Freiheitsrecht nichts mehr wert ist?

Die goldene Regel der Bürgerlichkeit gilt nicht mehr. Denn weder sind die Voraussetzungen des Erfolgs verallgemeinerbar noch die Ergebnisse. Die Wohlhabenden stützen sich auf immer größere Erbschaften, auf neue Bildungsprivilegien, auf den Namen ihrer Familie, auf die durch Geburt erworbenen Netzwerke der Begünstigung oder auf anderes Sozialkapital wie den Wohnort in den besseren Vierteln oder die feinen Signale des von Kindesbeinen an erlernten Habitus der Überlegenheit. Alle diese Bedingungen sind für die Mehrheit nicht vorhanden. Ihre Anstrengungen zählen bei jedem Schritt des Lebens weniger als die der Begüterten. Ihre Familie hilft ihnen nicht. Ihre Schule ermutigt sie nicht. Ihr Wohnviertel zieht sie runter. Chancengleichheit gibt es für sie nicht. Die Gesellschaft kennt Durchlässigkeit vor allem nach unten. Fehler werden nicht verziehen. Wer nicht mithält, bleibt nicht, wo er ist, sondern rutscht tiefer ab. Und auch die Ergebnisse des Erfolgs taugen nicht mehr zum Vorbild. Der Reichtum der Reichen, aber auch der Wohlstand der relativ Wohlhabenden hat Ausmaße angenommen, die so viel natürliche Ressourcen aufzehren und die so große Mengen an Zivilisationsmüll ausspucken, dass ihre globale Universalisierung für bald 9 Milliarden Menschen undenkbar geworden ist. Kaum einer ist in dieser globalisierten Welt seines Glückes Schmied. Denn nicht Leistung, sondern Begünstigung ist das Gesetz, das die Karrieren bestimmt.

Die Glücklichen leben also unter Bedingungen, die anderen verschlossen sind. Sie beanspruchen Naturgüter, die sie anderen rauben. Sie monopolisieren ökonomische und politische Macht, der andere unterworfen sind. Sie stützen sich nicht auf die Stärke des Rechts, sie leben, ob offen oder verborgen, nach dem Recht des Stärkeren. „*Some are born to sweet delight / Some are born to endless night*“, wie William Blake schrieb. Das ist die große Kränkung im Selbstbild des an Leistung orientierten Bürgertums zu Beginn des globalen 21. Jahrhunderts: dass der ganze Stolz der Vorbildfähigkeit des eigenen Lebens in sich zusammengebrochen ist und dass sich die überlegene Ethik als Lüge herausgestellt hat.

Der Schock eines nicht nachhaltigen Lebensstils

Dass der Mensch von Gütern lebt, die er „unverdient" verzehrt, also selbst weder herstellen noch reproduzieren kann, kränkt seinen Stolz als unabhängiges Individuum. Er will nicht von den Gaben anderer leben. Die herkömmliche liberale Leistungsethik berechnete denn auch nicht die Kosten aus der Inanspruchnahme der Umwelt. Dass ein Mensch, weil er Naturgüter in Anspruch nimmt, einen anderem, der sie nicht verbraucht, etwas schulde, gilt bis heute als ein der politischen Ökonomie fremder Gedanke. Die Naturschulden dessen, der vom Menschheitskonto der intakten Biosphäre große Summen abbucht, um seinen Lebensstandard zu steigern, können immens sein. Aber solange es keinen globalen Sozialvertrag gibt, der diese Kontoführung in bürgerliches Recht übersetzt und politisch regelt, stellt niemand diese Schulden fällig. Im Gegenteil, wer heute mittels Naturverbrauch materiellen Wohlstand und Kapital bildet, glaubt gerade nicht auf Kredit zu leben, sondern anderen, die mangels Entwicklung wenig Natur verbrauchen, Kredit zu gewähren. Die expansive Form und Norm der technisch-ökonomischen Naturbeherrschung ging immer instinktiv von einer unbegrenzt verfügbaren Umwelt aus. Die Heldengeschichten von den großen Erkundungsfahrten über den Planeten, von den Landnahmen und Explorationen der Bodenschätze funktionieren nur, weil sie die schier unendliche Fülle der Naturgüter voraussetzen, die man sich nur mit naturwissenschaftlichem Geschick zu greifen verstehen muss. Gleichwohl ist die Geschichte dieser „Entdeckungen" eine lange Abfolge von Gewalttaten. Angefangen mit der Enteignung und Unterjochung indigener Völker, bis hin zur

Zerstörung der Natur selbst. Nichts war kostenlos zu haben. Doch wer jeweils den Preis zahlte, wer wem seit der frühen imperialistischen Phase der Globalisierung etwas schuldete, blieb den technologisch überlegenen Eroberern unklar. Sie kamen mit dem Bewusstsein einer zivilisatorischen Mission, das von den Kolonisierten auch noch Dankbarkeit erwartete. Und sie nahmen viel: den technologisch und militärisch unterlegenen Menschen die Unabhängigkeit, die Verfügung über das Land, die Fähigkeit, frei ausgehandelte Verträge zu schließen, um Handel auf Augenhöhe zu betreiben. Mit den europäischen Vizekönigen, Hochkommissaren und Gouverneuren begann die Herrschaft der mit Militärmacht erpressten Handels- und Rohstoffmonopole – Ausbeutung in jeder Hinsicht, politisch und ökonomisch, aber auch ökologisch. Die erste koloniale Globalisierungswelle zwang alle Kontinente in ein Netz der asymmetrischen ökonomischen Abhängigkeit.

Die Geburt dieses Weltmarktes stand unter dem Zeichen der Ungleichheit. Dennoch: Die enorme Wohlstandsakkumulation auf der einen Seite zog auch die Unterlegenen auf der anderen Seite mit in die Entwicklung hinein. Sie öffneten ihre Gesellschaften für das Wissen, den Lebensstil, die Güter und die Kredite des Westens. Um die von dort gesetzten Sozialnormen erfüllen, um Güter bezahlen und Kredite bedienen zu können, beschleunigte sich in allen Teilen der Welt der ökonomische Modernisierungseifer lokaler Eliten, die dem schmutzigen Pfad der durch fossile Energieträger befeuerten Industrialisierung folgten. Autoritäre Herrschaft, Ausbeutung billiger Arbeitskraft, Naturverbrauch, Elektrifizierung und steigender Energieeinsatz waren eine materiell durchaus erfolgreiche Entwicklungsstrategie. Immer weitere Länder schafften den Sprung in die industrielle Moderne. Hundert Jahre nach der Niederschlagung des Boxeraufstands, bei der Deutsche, Briten, Franzosen, Italiener, Amerikaner, Russen, Österreicher und Japaner ihre Handelsprivilegien noch einmal mit Gewalt durchsetzten, beschleunigte sich im bevölkerungsreichsten Land der Erde die große Aufholjagd, die China schließlich im 21. Jahrhundert an die erste Stelle der Wirtschaftsmächte bringen wird. Das bedeutet sozialen Aufstieg für Hunderte Millionen Menschen, die erstmals das Leben der westlichen Mittelschichten führen können. Aber es bedeutet auch riesige menschliche und ökologischen Kosten: Millionen entwurzelte und rechtlose Wanderarbeiter, vermüllte Landschaften, vergiftete Flüsse, versmogte Metropolen. Erst als die einstmals unterdrückten Nationen Asiens und Lateinamerikas sichtbar aufholten, änderte sich das Bewusstsein im Westen, und erst jetzt, wo sie sich anschicken, als Rivalen auf den globalisierten Märkten den Westen hinter sich zu lassen, dämmert es dem Bürgertum der alten Mächte, dass sein ökologisch teurer Lebensstil nicht globalisierungsfähig sein wird. China stößt heute mit weitem Abstand mehr Kohlendioxid aus als jedes andere Land der Welt. Schon 2010 lag der chinesische Anteil der globalen CO_2-Bilanz von jährlich 34 Milliarden Tonnen bei 9 Milliarden Tonnen, während die USA als zweitgrößter Emittent auf 6,9 Milliarden Tonnen kamen. Und die nachholende Wohlstandsentwicklung ist noch lange nicht am Ende. Die neoklassische Wirtschaftslehre aus der Ära des Imperialismus sah zwar die Knappheit der Güter, auch des Bodens, aber sie wusste dennoch nichts von dem Preis für Atemluft, Wasser, Artenvielfalt oder Atmosphäre. Erst als die unterprivilegierten Länder in den 1990er-Jahren ihren Anteil an der planetaren Naturzerstörung massiv steigerten und ihrerseits kräftig vom Biosphärenkonto der Menschheit abbuchten, begann sich im Westen eine neue Ökonomie zu verbreiten: Jetzt sollten Umweltkosten nicht mehr „externalisiert" und Marktpreise für Luftverschmutzung gezahlt werden. Das Kyoto-Protokoll, das den Ausstoß von Treibhausgasen zurückführen will und zuletzt von 192 Staaten ratifiziert wurde, war einer der ersten Versuche, einen sozial-ökologischen Gesellschaftsvertrag von globaler Reichweite zu schließen. Die größten Emittenten aber, die USA, die neuen Wirtschaftsmächte winkten ab. Nach dem Austritt Kanadas tragen weder Nordamerika noch China, Indien oder Brasilien irgendwelche Reduktionspflichten. Das bedeutet: Fast 50 Prozent des weltweiten CO_2-Ausstoßes wird vom Abbauziel nicht erfasst. China beruft sich darauf, dass es gemessen an seinem Pro-Kopf-Ausstoß noch weit hinter den etablierten Industrieländern zurückliegt – in der Tat kommt ein Chinese auf 7,2 Tonnen, ein US-Amerikaner aber auf 17,3 Tonnen. Der ökologische Fußabdruck eines Nordamerikaners oder Europäers bleibt noch immer größer als der eines Chinesen oder Inders. Die Ungleichheit ist unabweisbar. Niemand lässt sich aber von denen Wasser predigen, die Wein trinken. Die Aufholjagd Asiens wird also noch eine ganze Weile ökologisch unreguliert weitergehen. So lange, bis China einen kritischen Grad an materieller Saturiertheit erreicht und an den ökologischen Lasten seines Entwicklungsmodells selbst so schwer trägt, dass es den Ausgleich sucht und in internationale Vertragswerke mit eigenen Verpflichtungen einzutreten bereit ist.

Die Illusion des Nichtangewiesenseins auf Gemeingüter wurde im Westen durch die ökologische Wachstumskritik der vergangenen 40 Jahre angegriffen. Sie hat ihre Wirkung nicht verfehlt. Zwar war das Hemd immer näher als der Rock, und die Verteidigung von Industriearbeitsplätzen im Westen hat politisch nach wie vor größeres Gewicht als die Verschärfung ökologischer Regeln. Doch das Unbehagen an einer Moderne, die global keinen Vorbildcharakter mehr beanspruchen kann und die für die, die in ihr leben, nur noch funktioniert, weil noch nicht jeder Mensch Zugang zu ihr gefunden hat, gewinnt zunehmenden Raum. Als der Hurricane Katrina, der mit der Erderwärmung in Verbindung gebracht wird, 2005 die Golfküste der Vereinigten Staaten traf, die Metropole New Orleans überschwemmte, 1800 Menschenleben forderte und Schäden in einer Höhe von mindestens 108 Milliarden US-Dollar anrichtete; als fünf Jahre später wieder im Golf von Mexiko die Ölplattform Deepwater Horizon brannte, aus einem in eineinhalb Kilometer Meerestiefe liegenden Bohrloch drei Monate lang Rohöl ausströmte und der verantwortliche Konzern BP die größte Ölpest der Geschichte verursachte, die ihn mehr als

40 Milliarden Dollar kostet; als sich 2011 die atomare Katastrophe im japanischen Fukushima ereignete, da traf es die Bürger der am meisten entwickelten Industrieländer. Unter dem Mediengewitter solcher Ereignisse lädt sich die Diskussion um ein anderes, tragfähiges Wirtschaftsmodell immer wieder auf. Der Deutsche Bundestag beschloss Ende 2010 auf Initiative von SPD und Grünen die Enquete-Kommission „Wachstum, Wohlstand, Lebensqualität", die sich auf die Suche nach einem Modell des Wohlstands machen sollte, das gerechter und nachhaltiger ist und einen umfassenderen Maßstab für gesellschaftlichen Fortschritt definiert. Konservative und liberale Kommissionsmitglieder gossen Hohn und Spott über diese Unternehmung aus und taten viel, um die Arbeit der Kommission zu verschleppen, zu blockieren und zu diskreditieren. Sympathisierende, aber enttäuschte ebenso wie feindselige und marktradikale Journalisten schufen den Resonanzraum für giftige Kommentare. Wo aber coole Publizisten gemeinsam mit kleinkarierten Politikern das überkommene eindimensionale Wachstumsziel, das im Bruttoinlandsprodukt allein gemessen wird, ohne Rücksicht auf die soziale Spaltung der Menschheit und die Naturkosten der ökonomischen Expansion noch einmal als alternativlos anpreisen, da feiert sich die Zukunftsblindheit der Selbstzufriedenen noch einmal als wahrer Realismus. Diese erbärmliche Haltung reicht nur bis zur nächsten Katastrophe oder bis zum nächsten Verteilungskrieg. Sie versucht die Erschütterung der Moderne mit dem Narkotikum des Zynismus zu behandeln. Aus dem bürgerlichen Krisenbewusstsein aber wird der Schock eines nicht nachhaltigen Lebensstils nicht mehr verschwinden.

Das Zerbrechen des politischen Universalismus im ethnisch-religiösen Bürgerkrieg

Eine Welt der ungleichen Chancen wird immer eine unfriedliche Welt sein. Das Maß der Zurücksetzung und der Ausweglosigkeit von Menschen in elenden Lebensumständen bestimmt oft auch die Bereitschaft zur Gewalt auf eigene Faust. Jahrzehnte zerfallender Staaten und militarisierter Gesellschaften an den Rändern Europas, im Nahen und Mittleren Osten, in Afrika und Lateinamerika halten eine Lehre bereit: Wo die herrschenden Eliten nach dem Recht des Stärkeren handeln, antworten die Machtlosen mit bewaffneten Aufständen. Wo von oben die Parole ausgegeben wird, die da unten verstünden nur die Sprache der Gewalt, wird die Gewalt zur politischen Sprache, und Steine, Brandanschläge, Bombenattentate werden zur normalen Umgangsform. Das etablierte globale Bürgertum – ob in London, New York, Paris, Berlin oder in Seoul, Tokio, Peking – blickt auf seine Tablets und Smartphones mit einer Mischung aus Entsetzen und Überdruss, wenn Breaking News die neuesten Meldungen einer endlosen Kette des Blutvergießens bringen. Diese Beobachter drängt, was die notorischen Krisenregionen angeht, nichts mehr zur Parteinahme für die eine oder andere Seite. Wenn es noch eine emotionale Reaktion gibt, dann ist es der Wunsch nach Distanz zum Desaster der Bürgerkriege: Sollen die sich doch ewig die Köpfe einschlagen. So routiniert wie folgenlos werden alle Konfliktparteien zur Zurückhaltung ermahnt. Alle Blaupausen der politischen Konfliktlösung scheinen versagt zu haben. Die elementare Gewalt hinterlässt Hilflosigkeit. Ihre Wurzel in der Ungleichheit bleibt verborgen.

In der Auseinandersetzung mit den versagenden Staaten wurde die These von der Privatisierung der Gewalt vertreten.[43] Auch diese sei eine Erscheinungsform der Marktideologie. Die Bewaffnung aller sei die Fortsetzung des ökonomischen Konkurrenzkampfes mit kriegerischen Mitteln. Das Gewaltmonopol des Staates würde untergraben von „Gewaltunternehmern“ – Warlords, die sich als Guerilla mit politischen Zielen nur noch kostümierten, in Wahrheit aber ihren Profit im Han-

43 Vgl. Erhard Eppler: Vom Gewaltmonopol zum Gewaltmarkt? Frankfurt/Main 2002.

del mit Menschen, mit Drogen oder mit Waffen absicherten. In Gestalt der internationalisierten italienischen Mafia, der organisierten Kriminalität lateinamerikanischen, russischen, südosteuropäischen oder nahöstlichen Ursprungs frisst sich dieses Phänomen auch in die stabilen Demokratien des Westens hinein. Familienclans, ethnische und religiöse Loyalitäten bilden das Netzwerk, aus dem die Gewaltunternehmer ihren Nachwuchs rekrutieren und über das sie ihre Zweigstellen in anderen Ländern eröffnen. Dass aber die Wurzel der Gewalt im Phänomen der Privatisierung zu suchen sei und dass demzufolge die Kontrollmacht des Staates allein zur Lösung tauge, wäre ein Trugschluss. Der Staat in Gestalt autoritärer Herrschaft, gelenkt von korrupten Führungsschichten, hat in vielen Fällen die Zersetzung des politischen Systems verursacht. Dieser Staat hat seinen eigenen Zerfall vorbereitet. In anderen Fällen hat der Staat als Besatzungsmacht die Radikalisierung der Entrechteten geradezu gezüchtet. In wieder anderen Fällen sind es demokratiefeindliche Staaten, die Extremismus und Gewalt grenzüberschreitend finanzieren und andere Gesellschaften systematisch destabilisieren. Die Anrufung der Staatlichkeit gleich wie korrupt, entrechtend und antidemokratisch sie sei, um „privatisierte Gewalt" einzudämmen, würde den Bock zum Gärtner machen. Wer dem Westen den politischen Rat erteilt, er solle die Gauner in Regierungsämtern stärken, weil sie die Garanten der Stabilität seien und die Fanatiker der Straße in Schach hielten, der wiederholt die Fehler der postkolonialen Politik mit ihren Klientelregimen ein weiteres Mal. Dies bereitet den Nährboden für die Gewalt der nächsten Generation. Nein, nicht der Staat als solcher ist die Lösung. Zu oft war und bleibt er das Problem, wo er soziale Ausgrenzung sanktioniert, rechtliche Diskriminierung exekutiert und Ideologien der Ungleichheit exportiert.

Gleichheit im Recht ist keine hinreichende, aber eine notwendige Bedingung für den Frieden. Nicht hinreichend, weil nicht jede Gewalt einfach nur dem Elend und einem erlittenen Unrecht entspringt. Die Geschichte des Nahostkonflikts, des islamischen Fundamentalismus oder des Bürgerkriegs im zerfallenden Jugoslawien zeigt privilegierte Kasten, Offizierseliten, reiche Gruppen und einflussreiche Herrscherclans, die zum Hass aufstacheln und den Mördern die Waffen in die Hand geben. Sie verachten das Recht. Sie setzen auf die ethnisch-religiöse Mobilmachung mit allen Mitteln. Für sie gibt es keine Menschen, sondern nur Gläubige oder Feinde, Zugehörige oder Wertlose. Sie sind die Köpfe und Geldgeber hinter dem Terrorismus. Und doch lässt sich dieser Menschenverachtung nur mit einer Politik begegnen, die in ihrer Legitimation und in der Wahl ihrer Mittel die Gleichheit der Menschen als ein glaubwürdiges Ziel verkörpert. Angriffskrieg, Misshandlung und Verschleppung, Komplizenschaft mit Diktatoren, deren Folterkeller man mietet, Zerstörung von Eigentum, Enteignung und Exekutionen – das neue Arsenal westlicher Antiterrorstrategie – gehören sicher nicht dazu. Der gewaltbereite Fundamentalismus lebt davon, dass er die Menschenrechte als Illusion oder Lüge diskreditieren kann. Seine Propagandamacht und seine Resonanz in den unentschiedenen Teilen der Bevölkerung steht und fällt damit, ob er plausibel vorführen kann, dass nicht das Recht etwas gilt, sondern das Gewehr, dass die einzige politische Sprache, die verstanden wird, die Sprache der Gewalt ist. Auch deshalb ist das Streben nach Gleichheit im Recht eine notwendige Bedingung für die Stabilisierung der Krisenregionen.

Doch die Entwicklung der letzten Jahre geht in die umgekehrte Richtung. Die deprimierende Gewaltspirale ethnisch-religiöser Konflikte, in denen regelmäßig die radikalsten Führer die größte Anhängerschaft hinter sich versammeln, hat die Diplomatie ermüden lassen. Offenbar fehlt es aktuell insbesondere der deutschen Außenpolitik, die in einer bald siebzigjährigen Tradition gewaltloser Konfliktlösungen steht, an innerer Überzeugung, an strategischem Geschick und taktischer Kreativität. Gerade wer nicht auf Machtdemonstrationen militärischer Stärke setzen kann oder will, ist darauf angewiesen, ein dichtes diplomatisches Netzwerk vertrauensvoller Kontakte zu entwickeln, um die Unterstützung relevanter Mächte für neue Initiativen zu gewinnen. Gerade das aber wurde in den letzten Jahren vernachlässigt. Deutschland hat keine Stimme mehr in den komplizierten Konflikten an den Rändern Europas. Niemand kann momentan sagen, wofür Deutschland steht und welche Ziele es verfolgt. Die politische Lösung durch Ausgleich der Interessen wird noch beschworen, nur glaubt kaum noch jemand daran. Wo auf den Hasskundgebungen die Fahnen des ethnisch markierten Feindes in Flammen aufgehen, wirken öffentlich ausgestellte Appelle zum Dialog lächerlich schwach. Ernsthafte diplomatische Initiativen aber fehlen. Jede Blutlache auf den Straßen, jedes Opfer eines „Targeted Killing", jeder von einem Selbstmordattentäter zerfetzte Bus, jedes Massaker an den Anhängern einer Religion schafft Fakten, gegen die das internationale Recht als ein Papiertiger erscheint. Der höhnende Ton der verfeindeten Nationalisten dieser und jener Couleur findet immer sein Echo in den Medien. Der Brutalste beeindruckt das Publikum, und weiß es zu nutzen. Zerbrochen aber ist das Selbstbewusstsein des an gleichen Rechten orientierten Universalismus, der zum politischen Erbe der bürgerlichen Aufklärung gehört. Herausgefordert durch den Fanatismus der ethnisch-religiösen Bürgerkriege und unter der Bedrohung des globalen Terrorismus in den eigenen Metropolen antworteten die Demokratien mit der Devise, dass sich das Völkerrecht bewaffnen müsse, um denen in den Arm zu fallen, die Verbrechen gegen die Menschlichkeit verüben. Die Bilanz dieser Interventionen ist kein Anlass zum Jubel. Zwanzig Jahre nach dem Debakel der humanitär begründeten UN-Mission in Somalia, bald zwei Jahrzehnte nach der beschämenden Hilflosigkeit angesichts des Völkermords in Ruanda haben die Kriege in Bosnien, um das Kosovo, in Afghanistan, im Irak, in Libyen und Mali die Verunsicherung über das Konzept der internationalen Schutzverantwortung eher verstärkt. In den Ländern, die Soldaten für die Interventionen entsenden, traut eine große Mehrheit der Bürger dieser Idee nicht über den Weg. Sie haben Angst, dass ihr Land in ein Labyrinth der ethnischen Gewalt hineinstolpert und sich verirrt, ohne einen Ausgang zu finden. Nicht der Entschluss zur Wehrhaftigkeit bei der Durchsetzung der Menschenrechte ist das Problem, sondern die Unklarheit der politischen Ziele, der zweifelhafte Erfolg der militärischen Mittel und die mangelhafte Glaubwürdigkeit der ständigen Mitglieder des UN-Sicherheitsrats, die solche Missionen mandatieren oder ein Mandat verweigern, je nachdem wie ihre Klienten betroffen sind. Die Wahl der Mittel – Luftangriffe mit einer großen Zahl von zivilen Opfern, die man eigentlich zu schützen vorgibt, Menschenjagd mit ferngesteuerten Drohnen – hat die Legitimität dieser Kriege strapaziert. Offenkundig gibt es auch keinen überall gültigen Maßstab für die militärische Intervention. Ihn zu verlangen ohne Rücksicht auf praktische Fragen, ob zum Beispiel die militärischen Fähigkeiten überhaupt ausreichen oder ob das Eskalationsrisiko zu hoch ist, wäre vermessen, wenn nicht sogar verblendet. Wo schwer verdauliche Informationen über ethnisch zersplitterte Regionen verschmäht werden und stattdessen Feuilletonisten in Feldherrenpose den Ton angeben, droht der Sprung in militärische Abenteuer, die mehr Schaden anrichten als Nutzen stiften.

Moral in der internationalen Politik findet sich nicht in der Empörung des Augenblicks, die so schnell wieder verfliegt wie sie sich aufgeblasen hat, sondern in der langfristig angelegten Strategie, die auch beschwerliche Wege der Diplomatie zu gehen bereit und in der Lage ist, weil sie ihr Ziel kennt und den Kompass von Freiheit und Gleichheit nicht verloren hat. Wo aber immer wieder mit ungleichem Maß gemessen wird und die Furcht der einen Volksgruppe stets mehr Gewicht hat als das Elend der anderen, wächst kein Vertrauen in den politischen Universalismus. Bei den Menschen in den Bürgerkriegsregionen kein Vertrauen, dass es um ihr Recht geht, und kein Selbstvertrauen in den zum Schutz aufgerufenen Demokratien, dass ihr Handeln im Dienst einer allgemeinen und gerechten globalen Ordnung steht.

Die Antiquiertheit des kulturellen Liberalismus im netzgetriebenen Wandel der Öffentlichkeit

Der Verlust von politischer Glaubwürdigkeit und von Vertrauen, der die ökologischen Katastrophen begleitet, die vom Westen geführten Kriege, aber auch die innenpolitischen Kontroversen um den Schutz der Bürgerrechte, hat zur Verrohung der politischen Umgangsformen beigetragen. Eine Politik, die verspricht, aber nicht liefert, macht sich auf Dauer unmöglich. Die Kritik an den regierenden Parteien und an einzelnen Politikern ist schärfer geworden. Ätzender sind die Kontroversen, die oft nicht mehr nur Auffassungsunterschiede ausdrücken, sondern schiere Verachtung. Auch dabei gilt das Gesetz, dass der härteste Vorwurf, der giftigste Kommentar die größte Aufmerksamkeitsprämie der Medien bekommt. Doch nicht nur die Streitgegenstände beeinflussen diesen Trend. Die Formen der Öffentlichkeit selbst sind in einem fundamentalen Wandel, seit das Internet zum dominierenden Meinungsmarkt geworden ist.

Zum einen hebt das Netz die Grenze zwischen privater und öffentlicher Kommunikation auf. Was Freunde und Vertraute untereinander austauschten, blieb früher geschützt. Mancher Geistesblitz blieb unentdeckt, aber eben auch manche spontane Dummheit. Heute sind die „Freunde" zu Hunderten draufgeschaltet, wenn jemand seinen Kommentar postet, und ein schriller Einfall findet nicht selten ein Millionenpublikum, auf das, des Masseneffekts wegen, Wirtschaft und Politik zwanghaft reagieren. Zum anderen vergrößert das Internet den Raum der Anonymität. Es stellt damit die Autorenschaft in Frage. Autorenschaft ist erkennbare, verantwortete, zurechnungsfähige Meinungsäußerung. Sie übernimmt die Haftung für das Gesagte. Anonyme Meinungen sind keiner Person zurechenbar, aber öffentlich präsent. Die Urheber senden und tauchen ab. Anonymität kann Schutz vor Verfolgung oder vor dem moralisierenden Pranger bedeuten. Neu ist das nicht. Von Spinoza, der seine Religionskritik zunächst unter Pseudonym veröffentlichte, über die Flugschriften der demokratischen Revolutionäre des 19. Jahrhunderts oder die Flugblätter der Weißen Rose bis zu den chinesischen Bloggern und den Internetaktivisten des Arabischen Frühlings: Wo die freie Rede unterdrückt wird, ist Anonymität ein revolutionäres Mittel, Tabubruch und Anklage des Systems, illegal, aber höchst legitim. Ein Grenzfall sind die Veröffentlichungen von Wikileaks: Anonyme Quellen liefern geheime Dokumente, die zu Tausenden ins Netz gestellt werden und auch demokratisch gewählte Regierungen entblößen, die hinter dem Vorhang der Geheimhaltung zu handeln glaubten. Das ist illegal. Ist es legitim? Der konkrete Fall liefert die Antwort: Wo, wie geschehen, Kriegsverbrechen von Angehörigen der US-Streitkräfte im Irak auf diese Weise öffentlich und geahndet werden können, wo Rechtsbrüche von Regierungsstellen entdeckt werden, ist Wikileaks in der Tat die moderne Kollektivvariante der Watergate-Journalisten.[44] Wo aber die Meinungsfreiheit rechtlich gesichert ist und im Alltag ständig praktiziert wird – in der Kritik der Regierung oder der Parteien –, verändert sich der Charakter der Anonymität. Sie wird zur Maske, um unerkannt Schamschwellen zu überschreiten und Hemmungen im Meinungskampf fallen zu lassen. Auch dafür bietet das Internet einen kaum beschränkten Raum.

„Anonymous" ist der Kampfname der Nichtautoren im Internet. Niemand weiß, wer sie sind und wo sie sind. Ihr Symbol ist ein kopfloser Anzugträger vor einem Globus oder die kalkweiß grinsende Guy-Fawkes-Maske. Sie nennen sich „Cyber-Krieger" für die Freiheit, gegen die Unterdrückung. Ihre Video-Clips spielen mit der Leidenschaft der großen Freiheitsrevolutionen. „Wir vergessen nicht. Wir vergeben nicht. Erwarte uns!", heißt es. Bekannt wurde Anonymous durch die „Denial of Service"-Attacken, bei der das anonyme Kollektiv

44 So Sascha Lobo in der Diskussion „fraktion kontrovers" mit dem US-Botschafter Philip D. Murphy, dem Herausgeber Thomas Schmid und dem Vorsitzenden der SPD-Bundestagsfraktion Frank-Walter Steinmeier am 17. März 2011 in Berlin.

auf Anregung einzelner sich verabredet, gemeinsam Anfragen auf die Internetseiten des Gegners zu richten. Und nicht hinter jedem Computer muss dabei ein wissentlich handelnder Nutzer stecken, denn auch über „Botnetze" – online gekaperte Computer, die ferngesteuert auf das Ziel ausgerichtet werden – lässt sich ein anonymes Kollektiv aktivieren, von dessen Existenz nur die Hacker wissen. Zu Hunderten oder Tausenden kumuliert mobilisieren diese Anfragen die kritische Datenmasse, die das Ziel blockiert. „Fire, fire", kursiert als Kommando im Netz, und bei Erfolg heißt es „target down", als sei in einem Shooter-Spiel der Abschuss gelungen. Als Visa und Mastercard Wikileaks boykottierten, legte Anonymous auf diese Weise ihre Webseiten lahm. Doch nicht nur Großkonzerne werden attackiert. Als die Initiative „Wir sind die Urheber! Gegen den Diebstahl geistigen Eigentums" von Schriftstellern, Künstlern, Musikern und Schauspielern gegen die unautorisierte Verbreitung urheberrechtlich geschützter Inhalte im Netz protestierte, gab es Anonymous-Angriffe auf Websites und Email-Adressen der Autoren. Adressen und Telefonnummern der Aufruf-Unterstützer wurden mit dem Kommentar „Fuck your copyright" online gestellt, als Aufforderung zur Beschimpfung.[45] Der Grat ist schmal, denn was eben noch sympathische Revolte gegen Großmächte und Weltkonzerne war, wird rasch zum Versuch, unliebsame Meinungen zu unterdrücken oder unangepasste Menschen zu demoralisieren. Das aufgeputschte Userkollektiv wendet sich gegen die Freiheit, wenn es sich in einen Mob verwandelt. Egal ob es die Ausraster im Urheberrechtsstreit sind oder ob Schülerinnen und Schüler zur bösen Meute werden, die uncoole Mitschüler im Internet terrorisiert: Anonymität kann ein Schutz der Schwachen sein, aber auch eine Maske der Verrohung.

Den Droh- und Verhöhnungsjargon unter Tarnkappen wie „@ekelpaket" kennt jeder, der auch nur über die Kommenta-

45 http://www.zeit.de/2012/20/Aufruf-Urheberrecht, http://www.zeit.de/digital/internet/2012-05/urheber-aufruf-buerger

re unter den Artikeln der Onlinemedien wischt. Die Militarisierung, die Sexualisierung und Fäkalisierung der politischen Sprache tobt sich hier aus. Nicht jede Politikerin ist abgebrüht genug, um unerschüttert zu bleiben, wenn vom „Tittenbonus" getwittert wird. Auch die Verunglimpfung der repräsentativen Demokratie läuft mit, und nicht jeder Parlamentarier hält es aus, seine Haltung gegen ein tausendfaches Fuck you" zu behaupten. Der „Shitstorm" ist gefürchtet. Von profilierten Positionen zum Schutz des geistigen Eigentums raten Wahlstrategen inzwischen aus reinen Opportunitätsgründen ab. Man unterstellt, dass im Internet das differenzierte Argument nicht zählt. Wenn das Schule macht, wäre der Verfall der demokratischen Öffentlichkeit eingeleitet. Die Namhaften verschwiemeln ihre Absichten, denn sie fürchten die klare Sprache. Die Namenlosen verachten und beschimpfen, denn sie fühlen sich betrogen.

Das Internet an sich schuldig zu erklären, ist hilflos. Genauso wenig wie der Markt als solcher den Exzess verschuldet, ist das Internet per se ein Raum verantwortungsloser Kommunikation. Das Netz ist wie der Markt ein Tauschplatz für alle möglichen Aktionen und Transaktionen, von vitaler Demokratie bis zur organisierten Kriminalität. Es kommt darauf an, wer diesen Raum füllt und prägt und welche Regeln ihn konstituieren. Das liberale Bürgertum, das den „Strukturwandel der Öffentlichkeit" (Jürgen Habermas) von der höfisch-klerikalen Repräsentation zum demokratischen Meinungskampf vorantrieb und sich in der freien politischen Debatte emanzipierte, dieses Bürgertum hat zu einem großen Teil den netzgetriebenen Wandel der Öffentlichkeit verschlafen. Verlage, Printmedien, Radio und Fernsehen – die alte analoge Welt, sie ist hierarchisch gebaut, von Lektoren und Redakteuren bewacht. Sie atmet die bedächtige Autorität des Leitkommentators. Viele Medienmacher und Politiker, die in dieser Welt sozialisiert wurden, reagieren indigniert auf den egalitären Sturm von Meinungen und Gegenmeinungen, Tweets und Retweets im weiten barrierefreien Resonanzraum des Internets. Die altliberale Kulturkritik über Niveauverfall und Beschleunigung wirkt unglücklich und miesepetrig. Die analogen Dinosaurier werden immer trauriger. Wer bloß im Gestern schwelgt und alte Zeiten beschwört, hat im Wandel wenig beizutragen. Die Kritik riecht überdies nach dem muffigen Ressentiment derer, die ihr Meinungsmonopol abgeben müssen. Neben den Eruptionen ironischer Kreativität, die von den vielen neuen Stars oder kollaborativen Gruppen im Netz kommen, ist das intellektuell steif und grau gewordene Bürgertum antiquiert. Es spricht nicht mehr für, ja nicht einmal mehr zu der sich neu formenden Intelligenzija, die das Statusgebaren verlacht und den Egalitarismus feiert. Ein Phänomen wie die Piratenpartei kommt auf in einem Vakuum an politischer Repräsentation. Der libertäre Überschuss dabei, die entwaffnend vorgetragene Positionsunklarheit, die chaotische Selbstfindung in permanenten digitalen Vollversammlungen und das Misstrauen gegen jede und jeden, die oder der sich Sprecher/innenfunktion anmaßt, all das erinnert an frühere soziale Bewegungen. Auch die alt gewordene neue Linke hatte mal eine Zeitschrift, die sich „Freibeuter“ nannte, und auch die 68er unterschrieben ihre Flugblätter mit wilden Phantasienamen und veröffentlichten Texte, ohne das Copyright zu haben. Schon vergessen, Genossen? Wer jetzt als staatsfromm gewordener Linker den anarchischen Rumor der Netzaktivisten beschimpft, macht sich lächerlich. Der gekränkte Patron gehört einer melancholischen Kaste an, deren Produktions- und Publikationsmittel veralten. Offenkundig fehlt ein sozialer und kreativer Liberalismus, der vor der Gleichmacherei der digitalen Welt nicht mehr zurückscheut. Die anarchistische Zeit des Internets geht vorbei. Aber das inspirierende Programm, das den egalitären Impuls aufnimmt und für Freiheit, Gleichheit und Recht in der digitalen Ära eintritt, ist noch nicht geschrieben, die neuen politischen Allianzen sind noch nicht gefunden.[46]

46 Cilia Ebert-Libesind, Oliver Schmolke: New networks, new alliances. 19. Juni 2012, www.policy-network.net

Die Verwahrlosung des Rechts

Die zentrale politische Kategorie des Bürgertums ist die des Rechts. Es genießt für die, die daran glauben, eine hohe Würde. Nicht jedes Gesetz erreicht diese Aura. Aber auch schlechte Gesetze werden am Maßstab des Rechts geprüft und verworfen. Das Gravitationszentrum des bürgerlichen Nomos sind die Grundrechte, die nicht nur in der positiven Gestalt eines Verfassungsgesetzes gültig und nicht nur formal durch das Verfahren ihrer Verabschiedung legitimiert sind, sondern als Ausdruck eines unaufgebbaren, unantastbaren Menschenrechts *ewig* gelten. Hier werden nüchterne Juristen zu Poeten. Was aber, wenn das „ewige" Recht bloß pompöse Fassade ist, hinter der die Gesellschaft zerfällt?

... in der sozialen Ungleichheit

Im September 2010 traf sich in Berlin eine rebellisch gestimmte Versammlung von Bürgerinnen und Bürgern. Sie knöpften sich die Zerrüttung der Rechtsbeziehungen in Deutschland vor. Es ging um die Gefährdung der sozialen Ordnung: Arbeitsverhältnisse, die nicht ausreichen, um unabhängig von sozialen Transfers zu leben; Vollzeitarbeit, die nicht reicht, um eine Familie zu ernähren, und keine Absicherung im Alter bringt; Verletzung des Grundsatzes der Gleichbehandlung von Arbeitnehmerinnen und Arbeitnehmern; kleine Selbständige ohne soziale Sicherheit; staatliche Rettungsmaßnahmen für systemrelevante private Finanzinstitute; Bonuszahlungen an Bankmanager trotz Verlusten; hochriskante Finanzgeschäfte ohne eigene Haftung und zu Lasten Dritter; betrügerische Finanzprodukte; Finanzhandel außerhalb jeder Rechtsaufsicht. Die Versammlung fasste Beschlüsse, die als politischer „Sprengstoff" wahrgenommen wurden.[47] Nicht die Anhänger

47 Sprengstoff auf dem Juristentag. Frankfurter Allgemeine Zeitung, 21. September 2010.

einer linksradikalen Splittergruppe tagten. Es waren die Verwaltungs- und Hochschulbeamten, die Anwälte und Richter des 68. Deutschen Juristentages – der tiefe Staat der Bundesrepublik also. Diese „68er“ spitzten die Ziffern ihres schnörkellosen Beschlussbuches zu kritischen Pfeilen gegen die herrschenden Ungerechtigkeiten und gegen die amtierende konservativ-liberale Regierung. Sie beschlossen den „einheitlichen allgemeinen Mindestlohn“ als fixierte Lohnuntergrenze; sie forderten Equal Pay für Leiharbeit; mehr Rechte für die Betriebsräte. Sie erklärten: „Das unbefristete Vollzeitarbeitsverhältnis bildet das Rückgrat der Rechtsbeziehungen zwischen Arbeitnehmer und Arbeitgeber.“ Sie tadelten mit dem Furor der Nüchternheit: Die von der Regierung Merkel gewollte Ausweitung des Niedriglohnsektors „ist nicht sachgerecht“. Sie nahmen die Finanzmärkte in die Zange und forderten Fusionskontrolle, Entflechtung, Regulierung.[48]

Diese Sozialkritik aus der Mitte der Gesellschaft ist keine Episode. Eine ganze Reihe von Berichten, die von der Bundesregierung selbst verantwortet oder in Auftrag gegeben werden, greift die soziale Ungleichheit an. Der 2012 öffentlich gewordene Armuts- und Reichtumsbericht der Regierung enthielt in erster Fassung die Aussage, dass die Ungleichheit der Einkommens- und Vermögensverteilung zunehme und dass die Mittelschicht schrumpfe. Merkels Kabinett löschte dann die besonders unliebsamen Passagen und verschob den Beschluss des Berichts mehrmals. Doch auch die patriotische Bertelsmann Stiftung hatte beim Deutschen Institut für Wirtschaftsforschung (DIW) und der Universität Bremen eine Untersuchung in Auftrag gegeben, die zum Ergebnis „zunehmender Polarisierung“ kam: Ein „Schrumpfungsprozess für die Einkommensmittelschicht in Deutschland (ist) zu beobachten“. „Dabei hat die Abwärtsmobilität in den vergangenen 20 Jahren dominiert.“[49] Der von der Kultusministerkonferenz

48 Beschlüsse des 68. Deutschen Juristentages, Berlin 2010.
49 Mittelschicht unter Druck? Bertelsmann Stiftung (Hg.). Bielefeld 2013.

und vom Bundesbildungsministerium geförderte Bildungsbericht zeigte im Jahr 2012, dass sich die Bildungslandschaft privatisiert, dass Migranten eine geringere Bildungsbeteiligung erreichen, dass die Schulabbrecherzahlen zu hoch sind, dass 14,5 Prozent der Deutschen kaum lesen und schreiben können, vor allem aber: dass es keine Chancengleichheit gibt, weil die soziale Herkunft über die Bildungsabschlüsse entscheidet, weil „bildungsfern" aufwachsende Kinder zurückbleiben und weil der Bildungsstatus „erblich" ist.[50] Der Gleichstellungsbericht der Bundesregierung zeigte ebenfalls 2012, dass Frauen im Lebensverlauf nach wie vor systematisch benachteiligt werden, weil sie das Risiko der Erwerbsunterbrechung durch Kinder und des niemals aufholbaren Einkommensverlustes allein tragen.[51]

Die in immer neue Zahlenpakete verpackte Kritik prägt mittlerweile den akademischen Normaldiskurs. Es sind nicht die Feinde, es sind die bildungsbürgerlichen Stützen der von Verfassungsschützern beschworenen „freiheitlich-demokratischen Grundordnung", die dem Zorn über die soziale Ungleichheit Nahrung liefern. Mehr noch, eine von der Watte des Regierungsberatertums schallgedämpfte Wut ist auch bei den empirischen Sozialforschern selbst und den Spitzenorganisationen der Wissenschaft zu spüren. Die Ungehaltenheit über die tief eingegrabene, erbliche Privilegierung oder Diskriminierung bestimmter Schichten, über den Dünkel am oberen und die Selbstaufgabe am unteren Ende der Einkommens- und Bildungsskala nimmt zu. Der Grund ist einfach. Solche Verhältnisse sind auch mit größter Mühe nicht zu rechtfertigen, wenn Fairness noch etwas gelten soll. Das sozialwissenschaftliche Establishment glaubt nicht mehr an die Parolen der leistungsorientierten Gesellschaft. Dieses Mal ist es aber nicht wie in den 1970er-Jahren, als die linke Soziologie sich vom Gerech-

50 Bildung in Deutschland 2012. Autorengruppe Bildungsberichterstattung (Hg.). Bielefeld 2012.
51 Der schöngefärbte Titel lautet: Neue Wege – Gleiche Chancen. Gleichstellung von Frauen und Männern im Lebensverlauf. Berlin 2012.

tigkeitsempfinden der Mehrheit verabschiedete, indem sie den Leitbegriff der Leistung als inhuman brandmarkte und bei der Verteilung von Gütern ganz auf Bedürfnisse setzte. Heute geht es nicht mehr in erster Linie um die Versorgung der Faulen, sondern um die mangelnde Anerkennung der Fleißigen. Bildung, Anstrengung, Aufstieg – das ist für die Ausgesteuerten der Arbeitswelt keine Verheißung, sondern eine Verhöhnung. Heute ist es die Unglaubwürdigkeit der Leistungsgerechtigkeit, an der sich die Sozialkritik entzündet. Und damit artikuliert die Soziologie anders als vor dreißig Jahren die Wut der Mehrheit.

Leistung ohne Lohn mag für den Begüterten eine gute Tat sein, für den Mittellosen ist es ein Rechtsbruch. Er empfindet den Skandal umso schärfer, als für viele Begüterte das Gegenteil gilt: Lohn ohne Leistung, Gewinn ohne Haftung und Risiko ist zum Systemmerkmal des internationalen Finanzkapitalismus geworden. Dass dieser vor noch zehn Jahren verfemte Begriff wieder Zutritt zu den Diskurssalons der bürgerlichen Mitte gefunden hat, dass die Frankfurter Allgemeine Zeitung in der Person ihres Herausgebers Frank Schirrmacher das erste Feuilleton der Republik mit dem Titel „Die Linke hat recht“ aufmacht[52], ist ein weiteres Zeichen für die Verletzung im Selbstbild des Bürgertums. Inzwischen zählt es zum guten Ton, Bankmanager an den Pranger zu stellen, die unbeirrt durch die Finanzmarktkrise neue Rekordboni einfahren. Allerdings schrecken die neuen Kritiker des Kapitals vor den politischen Konsequenzen ihrer Rhetorik zurück. Ist das Feuilleton der Beichtstuhl, so ist der Wirtschaftsteil der FAZ der Buchhalter der Besitzenden. Er markiert die Grenze. Wo es zum Schwur kommt und Gesinnung etwas kostet, im Streit um die Besteuerung von hohen Einkünften, Kapitalerträgen und Vermögen, da hört der Spaß auf, da wird der großbürgerliche Salon wieder zur geschlossenen Gesellschaft. Immer-

52 Frank Schirrmacher: „Ich beginne zu glauben, dass die Linke recht hat.“ Frankfurter Allgemeine Sonntagszeitung, 14. August 2011.

hin hat sich eines geändert. Im vergangenen Ideologiezyklus des absoluten Marktes wurden Steuersenkungen für Reiche aggressiv gefordert und durchgesetzt mit dem Argument, wachsender Reichtum an der Spitze sickere durch in das Wurzelwerk der Gesellschaft und hebe auch das Wohlstandsniveau der Armen. Die Evidenz dieser Aussage wird seit einigen Jahren wirkungsvoll bestritten. Joseph Stiglitz rechnet für die USA vor, in welchem Maße die Geringverdiener durch den Abbau der Sozialleistungen verloren haben, während das oberste eine Prozent einen rasanten Reichtumszuwachs erzielte, der durch niedrige Steuern für Spitzenverdiener begünstigt wird. Steuersenkungen für die, die sie nicht brauchen, haben nicht den breiten Wohlstand gehoben, sondern den Staat verschuldet, das soziale Geflecht aufgelöst und den Riss der Gesellschaft vertieft.[53] Auch wenn die Ungleichheit in den USA größer als in den meisten europäischen Ländern ist, hat diese Diskurswende diesseits und jenseits des Atlantiks Spuren hinterlassen. Das gute Gefühl, der eigene Besitz nutze allen, ist verschwunden. Die Steuersenker sind in der Defensive. Das heißt aber nicht, dass nun höhere Abgaben akzeptiert würden. Vor dem Finanzamt schließen sich die Reihen, und die Abwehr von fiskalisch konkretisierten Gerechtigkeitsansprüchen bleibt kompakt.

Das Steuerrecht ist die am schärfsten bewachte Bastion des alten Bürgerstolzes. Jeder eingenommene Euro gilt ausschließlich als individuelles, als urpersönliches Verdienst. Das Ego des Steuerzahlers – oder der Steuerzahlerin (Geschlechterunterschiede gibt es hier nicht) – schwillt an mit der Summe, die er oder sie an Abgaben entrichten muss. Der Fiskus gilt als ein von Sozialneid motivierter Dieb. Peter Sloterdijk hat diesem narzisstischen Affekt mit seinem Essay „Die Revolution der gebenden Hand" ein Denkmal gebaut: Die Pflicht, Steuern zu zahlen, so Sloterdijk, sei moderne Wegelagerei. Die pro-

53 Joseph Stiglitz: Der Preis der Ungleichheit. Wie die Spaltung der Gesellschaft unsere Zukunft bedroht. München 2012.

gressive Einkommenssteuer habe Enteignungscharakter. Der Steuerstaat sei eine einzige Kleptokratie. Die Steuerschuld des Besitzenden solle in eine Gabe umgewandelt werden. Die allgemeine gesetzliche Steuerpflicht in Form von „Zwangssteuern" solle entfallen. Jeder möge nach eigenem Gusto Höhe und Verwendungszweck seiner „Geschenke" an das Gemeinwesen bestimmen.[54] Sloterdijks Steuerthesen kennen keinen Begriff von Recht und Rechtsstaat mehr. Er vernebelt den kategorischen Unterschied zwischen willkürlicher Geldeintreiberei und demokratisch durch gleiches Wahlrecht legitimierte allgemeine Besteuerung. Er bricht mit dem Prinzip des Rechts und der Demokratie, wo er deren Verbindlichkeit in die launischen Ermessensentscheidungen einzelner auflöst. Letztlich liebäugelt er damit, die besitzenden Bürger zum zivilen Ungehorsam gegen den Steuerbescheid und zur Kündigung des Gesellschaftsvertrages anzustiften. Was Sloterdijk „Gaben" an die Gemeinschaft nennt, ist ein kaum verhohlener Neofeudalismus. Gleiche bürgerliche Rechte und Pflichten im Sozialstaat werden ausgetauscht gegen beliebige Zuwendungen, die heute gewährt und morgen entzogen werden, je nach Attraktivität und Botmäßigkeit des Empfängers. Diese schenkende Hand ist in der Welt der Mafia eher zu Hause als in der Sphäre der Gerechtigkeit.

Sloterdijks Herren-Lob der „gebenden Hand", welche für die Knechte sorgt, versucht verzweifelt die zerfetzten Illusionen der Vorbildfähigkeit des privilegierten Bürgers wieder zu flicken und ihm seinen Stolz zurückzugeben. Der Preis dafür ist die Denunziation des Rechtsstaates. Wer das mitmacht, nimmt Teil an einem selbstzerstörerischen Angriff auf die zentrale politische Kategorie bürgerlicher Identität. Sloterdijk tritt auf wie ein reaktionärer Desperado, der für das Kapital in den Kampf reitet und als Don Quichotte der Philosophie seine

54 Peter Sloterdijk: Die Revolution der gebenden Hand. Frankfurter Allgemeine Zeitung, 13. Juni 2009.

Sottisen gegen das moderne Steuerrecht richtet. Solch schräge Typen taugen einfach nicht als Helden des Bürgertums.

Das Ego der stolzen Steuerbürger tut sich schwer mit der Erkenntnis, dass privates Vermögen niemals allein das Ergebnis individueller Leistungen ist. Vielmehr gehen kollektive Vorleistungen in die Leistung jedes einzelnen ein, ob Bildung, öffentliche Infrastruktur, Sicherheit oder, ganz grundsätzlich, die rechtlich garantierte Existenz eines Marktes, der den friedlichen Austausch von Gütern erlaubt, auf dem Verträge gelten und Verstöße sanktioniert werden, eine Rechtsordnung, die nicht zuletzt das Zahlungsmittel bereitstellt und den Wert des Geldes schützt. Ein kurzer Blick in die zerfallenden Staaten und Bürgerkriegsregionen genügt, um das Gegenbild einer von War Lords dominierten Raubökonomie zu besichtigen. Steuern sind deshalb auch Gegenleistungen für die ökonomisch relevanten Vorleistungen des Staates. Das funktionale Äquivalent für die Steuer wäre nicht die Spende, sondern die Gebühr für jede einzelne öffentliche Leistung, ob Schule, Straße, Feuerwehr, Polizei, Gericht, Staatsanwaltschaft oder Währung. Das wirft die Frage nach der Gerechtigkeit auf, denn Steuern differenzieren nach individueller Leistungsfähigkeit, während Gebühren nach Marktpreisen erhoben werden. Aber auch für die Wohlhabenden, die hohe Gebühren zahlen können, bleibt der Zweifel, ob sie am Ende nicht kräftig draufzahlen, wenn sie den Steuerstaat durch den Gebührenstaat ersetzten.

Was solche Gebühren schließlich gar nicht erfassen, ist die gesellschaftliche Basis jeder wirtschaftlichen Beziehung, die Tatsache, dass jeder Anbieter seinen Verbraucher, jeder Produzent seinen zahlenden Kunden finden muss, um Gewinn zu machen. Wo die Gesellschaft verarmt, bricht die Nachfrage zusammen. Insofern ist jedes individuelle Vermögen davon abhängig, dass eine Vielzahl anderer Menschen gute Bildungschancen bekommen, qualifizierte Arbeitsplätze finden und auskömmliche Löhne erzielen. Wer nun jede Gemeinwohlverantwortung leugnet und Steuern hinterzieht, der leugnet alle diese Abhängigkeiten und Vorleistungen und mehrt sein Vermögen auf Kosten anderer.

Steuerhinterzieher sind Gesetzlose. Das wird in der Sprache der politischen Berichterstattung verniedlicht. Von „Steuerflucht“ ist oft die Rede, von „Steueroasen“, als gelte es, dem verfolgten Kapital Asyl zu gewähren. Tatsache ist aber, dass es sich um die rechtsfreien Räume neofeudaler Finanzkriminalität handelt, um den Schwarzmarkt, wo wohlhabende Steuerbetrüger und Banken, die mit Beihilfe zum Steuerbetrug werben, ihre schmutzigen Deals machen. Das Bankgeheimnis, das von der Schweiz als nationales Kulturgut verteidigt wird, dient als Deckmantel einer Anonymität, die Straftaten erleichtert. Die Auseinandersetzung um die europäischen Steuerschlupflöcher Zypern, Lichtenstein, Luxemburg und die Schweiz wird zu Recht mit großer Schärfe geführt. Länder, deren nationales Geschäftsmodell der Betrug zu Lasten Dritter ist, sind in der Staatengemeinschaft nicht gesellschaftsfähig. Der gute Bürger, der in diese Halbwelt in Nadelstreifen absteigt, rutscht hinab in die Asozialität. Die Regierung, die sich weigert, Beweismittel über Steuerstraftäter zu nutzen und stattdessen ein Abkommen mit der Schweiz vorbereitet, das die Strafverfolgung vereitelt, macht sich zum Schutzpatron des Rechtsbruchs. Jeder Beamte, der diese Politik exekutiert, verstößt gegen seinen Diensteid.

... im Missbrauch öffentlicher Ämter

Die Verwahrlosung der bürgerlichen Gesellschaft steckt aber auch in den Steuergesetzen selbst. Der abhängig Beschäftigte zahlt seine Lohnsteuer durch automatischen monatlichen Abzug. Für ihn gilt der Einkommenssteuertarif ohne Wenn und Aber. Der Unternehmer und der Freiberufler hingegen „gestaltet“ seine Steuerzahlungen, macht Verluste und Ausgaben geltend, rechnet sich arm und reduziert seine Steuerschuld mir erheblicher Kreativität. Die Komplexität des Steuerrechts, das zig Ausnahmen enthält und Abschreibungen ermöglicht, hat eine wieselige Steuerberaterbranche gezüchtet, deren Dienstleistung das Steuersparmodell ist. Wer Einkünfte aus Kapital hat, wird außerdem durch einen Rabatt-Tarif begünstigt, die Flattax der sogenannten Abgeltungssteuer – der Begriff erinnert an ein Ablassgeschäft. Es gibt für diese Ungleichbehandlung von Kapital und Arbeit nur ein pragmatisches Argument: Kapital ist flüchtig und kann sich dem Fiskus leichter entziehen. Lasst uns also zusehen, dass wir den Spatz in der Hand nehmen statt die Taube auf dem Dach zu wollen. In einem internationalen Umfeld von Niedrigsteuerländern und Steuerbetrugsstaaten mag das die Ultima Ratio sein. Aber es bleibt ein Akt der politischen Kapitulation vor rechtlosen Zuständen. Indem wir Kapital niedriger besteuern, wollen wir es beruhigen und überreden, lieber nicht die Gesetze zu brechen.

Steuerpolitik ist zur Klientelpolitik verkommen. Privilegiert werden dabei die Wohlhabenden. Als die Regierung Merkel Anfang 2010 ein neues Mehrwertsteuerprivileg für Hoteliers einführte, wurde bald bekannt, dass der Hotelinhaber Mövenpick an die Regierungsparteien CDU, CSU und FDP gespendet hatte. Das war gut angelegtes Geld. Denn die Regierung Merkel lieferte prompt und schenkte der Branche rund eine Milliarde Euro.[55] In demselben Gesetz wurde auch die Gewinnverlagerung von Unternehmen ins Ausland erleichtert. Ebenfalls ein einträgliches Spiel: Mache Verluste dort geltend, wo die Steuersätze hoch, und verschiebe Gewinne dorthin, wo sie niedrig sind. Die Regierungsmitglieder, die das Gebot der

55 Die Anhörung der Sachverständigen im Finanzausschuss des Deutschen Bundestages am 30. November 2009 geriet zu einer beispiellosen Abrechung mit der Regierung. Das Übermaß an steuerlicher Privilegierung wurde scharf attackiert. Dies spiegelte sich in einer Reihe von persönlichen Erklärungen aus den Reihen der Koalition am Tag der Abstimmung im Bundestag, dem 4. Dezember 2009. Norbert Lammert (CDU) gab zu Protokoll: „Die (...) Ermäßigung des allgemeinen Mehrwertsteuersatzes für das Beherbergungsgewerbe lehne ich ab. Sie ist steuersystematisch willkürlich, in der Abgrenzung verbundener Leistungen nicht praktikabel, schafft zusätzliche Bürokratie und unsinnige Einkommenseffekte." Was ihn aber nicht davon abhielt, dafür die Hand zu heben.

gleichmäßigen und an der Leistungsfähigkeit orientierten Besteuerung verletzen, missbrauchen ihre öffentlichen Ämter.

Es fällt auf, wenn ein FDP-Generalsekretär die Abschaffung des Ministeriums für wirtschaftliche Zusammenarbeit fordert, dann aber, nach der Wahl, sachunkundig, selbst der zuständige Minister wird und eine Vielzahl von Parteifreundinnen und -freunden, die nie etwas mit Entwicklungspolitik zu tun hatten, ohne Ausschreibung und Auswahlverfahren auf lukrative Posten hebt. Es fällt auf, wenn ein FDP-Gesundheitsminister nicht nur die Private Krankenversicherung begünstigen will, sondern mit dem Vizedirektor des PKV-Verbandes einen Cheflobbyisten gleich als für die Gesundheitsreform zuständigen Abteilungsleiter einstellt. Es fällt auf, wenn ein CDU-Umweltminister einen Lobbyisten der Atomwirtschaft zum Leiter der Abteilung für Reaktorsicherheit macht.

Es fällt auf, dass die Bundeskanzlerin einen Parteimenschen als Bundespräsidenten durchsetzt, dessen Qualifikation darin besteht, ein unerschütterlicher Lächler zu sein, der nicht aneckt und ihr keinen Ärger macht. Das höchste deutsche Staatsamt erleidet einen Ansehensverlust, den es in der Geschichte der Bundesrepublik noch nicht gegeben hat. Denn kaum ist der Mann im Amt, kommt seine Vorgeschichte hoch, in der er sich als Ministerpräsident günstige Privatkredite und Urlaubsreisen von befreundeten Unternehmern spendieren ließ. Das böse Wort vom „Buffetabräumer“ macht die Runde.

Es fällt schließlich auf, dass der größte Blender in einem Kabinett, das sich selbst „bürgerlich“ nennt, auch der größte Lügner und Betrüger ist. Ein Bremer Juraprofessor findet es heraus, Internetaktivisten belegen es kristallklar: Der Verteidigungsminister hat seine Doktorarbeit aus Texten anderer abgeschrieben, aus Leitartikeln von Tageszeitungen, aus einem Gutachten des Wissenschaftlichen Dienstes des Deutschen Bundestages, das er als Abgeordneter in Auftrag gegeben hatte, aus allem, was er kriegen konnte. „Selbst in Abschnitten mit reiner Sachinformation fand der Autor dafür keine eigenen Worte“, schreibt ein fassungsloser Jürgen Kaube, Ressortleiter

Geisteswissenschaften der Frankfurter Allgemeinen Zeitung, „sondern lieh sich die Formulierungen aus Seminarreferaten unter *hausarbeiten.de* aus, um sie als die seinen auszugeben. So etwas ist kein ‚Fehler'".[56] Der dreiste Dieb fremder Leistungen versucht sich herauszureden, er habe den Überblick verloren. In einer Aktuellen Stunde lügt er den Bundestag an und tut so, als wisse er von nichts. Und es fällt auf, dass die Kanzlerin Lüge und Betrug verharmlost, indem sie wurstig verkündet, sie habe keinen wissenschaftlichen Assistenten eingestellt. Karl-Theodor zu Guttenberg hat nicht einmal den Anstand, davor zurückzuschrecken, den Bundeswehreinsatz in Afghanistan zu instrumentalisieren, um sein Verhalten zu bagatellisieren. Dazu weiter Jürgen Kaube: „Wer die toten Soldaten in Afghanistan oder die Bundeswehrreform aufbietet, um den Verdacht einer Täuschung mit anschließender Lüge als Petitesse darzustellen, sollte sich mit Vorwürfen, das Plagiat werde politisch instrumentalisiert, zurückhalten." Das Argument, es gebe Wichtigeres, sei geeignet, „dem Rechtsstaat in die Kniekehlen zu treten." Und Kaube schließlich zu Merkel: „Ob ein Verteidigungsminister promoviert hat, tut in der Tat nichts zur Sache. Kanzlerin Merkels Spruch aber, sie habe keinen wissenschaftlichen Assistenten ins Kabinett berufen, ist wohlfeil und herablassend gegen Leute, die es mit der Wahrheit und mit der Leistung ernster nehmen." Nicht die Regierung, eine bürgerliche Zeitung war es, die im Fall Guttenberg mit der gebotenen Schärfe gegen die Verwahrlosung des Rechts antrat. Im Grunde, und das hat diese Zeitung gewittert, ging es um die alte Frage, mit der das Bürgertum gegen den Adel revoltierte: Gleiche Rechte oder Privilegienherrschaft? Denn wenn Spitzenpolitiker nach anderen Maßstäben beurteilt werden als jeder andere geht in der Tat der moderne Rechtsstaat in die Knie.

56 Jürgen Kaube: Vgl. auch Guttenberg 2009. Frankfurter Allgemeine Zeitung, 22. Februar 2011.

Theodor zu Guttenberg ist kein Einzelfall. Zwei Jahre später tritt die für Bildung und Wissenschaft verantwortliche Ministerin des Kabinetts Merkel zurück, nachdem ihr der Doktortitel aberkannt wurde. Der Titel werde entzogen, so der Fakultätsrat der zuständigen Philosophischen Fakultät der Universität Düsseldorf, weil die Doktorandin „systematisch und vorsätzlich über die gesamte Dissertation verteilt gedankliche Leistungen vorgab, die sie in Wirklichkeit nicht selbst erbracht hatte."[57] Wieder bagatellisiert die Ertappte die vorsätzliche Täuschung als „Flüchtigkeitsfehler", die ihr nicht peinlich seien. Und wieder findet die Kabinettschefin kein Wort, um zum Kern der Sache, dem wissenschaftlichen Betrug einer Wissenschaftsministerin und der drohenden Entwertung eines in Deutschland erworbenen Doktorgrades, Stellung zu nehmen. Stattdessen inszeniert sie auf der Presse-Bühne des Kanzleramtes die Freundschaft zu der Gestürzten, als der Rücktritt unausweichlich geworden ist. Der Fall Annnette Schavan und der Fall Guttenberg, über den Schavan noch hochmütig geurteilt hatte, sie schäme sich nicht nur heimlich[58], sie gehören zusammen. Sie sind aber nur die Spitze. Vom ehemaligen sächsischen Kultusminister Roland Wöller (CDU), über die FDP-Europaabgeordneten Silvana Koch-Mehrin und Jorgo Chatzimarkakis, bis zum ehemaligen niedersächsischen Kultusminister Bernd Althusmann reicht die Liste von zehn weiteren Plagiatsfällen.[59] Die bildungsbürgerlichen Vorbilder stehen da als Blender, Heuchler und Betrüger.

... in der Demokratieverachtung

Demokratieverachtung hat viele Gesichter. Es ist die berechtigte Verachtung von Heuchelei im Amt, die sich unberechtigt dazu verleiten lässt, über ein ganzes Regierungssystem

57 Zitiert nach Frankfurter Allgemeine Zeitung, 7. Februar 2013.
58 Süddeutsche Zeitung, 28. Februar 2011.
59 Eine Bilanz der Plagiate. Kompaktinfo der Planungsgruppe der SPD-Bundestagsfraktion, 16. Oktober 2012.

den Stab zu brechen. Es ist der natürliche Widerwille, über den Missbrauch von Macht oder das Versagen im Amt hinwegzusehen. Es ist der verständliche Ärger über die hochmütige Verharmlosung dieser Fälle, der indes umschlägt in die Verdammung einer Ordnung der Freiheit, die es doch immerhin fertig bringt, Verfehlungen öffentlich zu machen und den Rücktritt nach besonders eklatanten Fehltritten zu erzwingen. Demokratieverachtung ist Wut, die erblindet. Aus Ohnmacht wächst ein hemmungsloser Zorn, der nichts mehr gelten lässt aus der demokratischen Welt der kleinen Schritte, der halben Lösungen, der relativen Verbesserungen, der ambivalenten Kompromisse, der zahlreichen Zielkonflikte und Abwägungsfälle. „Labert nicht rum", schallt es den Bedächtigen entgegen. Woran unterscheidet sich der Demokratieverächter vom Kritiker? Er misstraut, und zwar manisch. Er ist Voyeur, nicht Akteur. Er ist besessen vom Verhängnis des Irrwegs, statt den Ausweg zu suchen. Er ist süchtig nach unwiderlegbaren Verschwörungstheorien. Er verspritzt Gift und Galle, wo er sich äußert, und zerstört die Unterscheidungsfähigkeit der politischen Sprache. Die Demokratieverächter gehören zur Herzkönigin in „Alice im Wunderland", die jederzeit „Kopf ab!" ruft. Sie genießen die Anonymität und die Kälte der radikalen Parole – egal ob links und rechts herum. Der Ausbruch der Gewalt befriedigt sie.

Demokratieverachtung ist nicht nur die Folge, sie ist eine eigenständige Ursache der Verwahrlosung des Rechts. Der Blick fällt dabei auf die kollektive Wut der Machtlosen, aber niemand sollte die Demokratieverachtung übersehen, die aus Staatsämtern heraus handelt: Ein Staatsoberhaupt, das Journalisten anruft und ihnen den Krieg erklärt, wenn sie weiter berichten. Eine deutsche Regierungschefin, die ein in Griechenland geplantes Plebiszit über staatliche Ausgabenkürzungen zu Lasten von Arbeitnehmern und Rentnern kurzerhand verhindert. Eine Regierung, die das Parlament über milliardenschwere Euro-Rettungspakete zuerst täuscht, dann vor vollendete Tatsachen stellt und schließlich ultimativ auffordert, fristverkürzt zu beraten und zu entscheiden. Ein Europäischer Rat von Regierungen, die für Griechenland und Italien eine Machtübernahme von nicht gewählten Finanztechnokraten aus der Gilde von Goldman Sachs gutheißen. Regierungen, allen voran die deutsche, die in der Schulden- und Währungskrise das Heft des Handelns der demokratisch nicht legitimierten Zentralbank überlassen, um sich selbst gegen Kritik zu immunisieren.

Selbst wohlgesinnte Europäer, die gegen den nationalen Populismus streiten, können irren. Die Demokratie „dem Untergang zu weihen", „ihre Institutionen abzuschaffen, soweit sie nationale Institutionen sind", zu „stoßen, was ohnehin fallen wird, wenn das europäische Projekt gelingt"[60] – ist das die intellektuelle Antwort auf die Sorge, dass gewählte Parlamente das Königsrecht des Haushalts verlieren und am Gängelband eines Finanzmarktes laufen, der nach Liquidität giert? Das wäre ein zweiter Verrat der Intellektuellen an der Freiheit. Jeder zweite junge Europäer verbindet mit der Europäischen Union vor allem Freiheit; alle anderen Ziele folgen mit weitem Abstand.[61] Als aufgeklärter Despot hat die EU keine Zukunft. Gilt in Europa die Freiheit nichts mehr, wird alles andere hohl. Zum zweiten Mal würde die nicht perfekte Demokratie einem idealen Traum geopfert. „Wir müssen dieses letzte Tabu der aufgeklärten Gesellschaften brechen: dass unsere Demokratie ein heiliges Gut ist", schreibt Robert Menasse. Nein, das müssen wir nicht. Und gewiss nicht, solange das Versprechen einer echten „erkämpften" Demokratie auf europäischer Ebene so saumselig daherkommt. Das Gegenteil ist richtig. Gegen die Verwahrlosung der Demokratie müssen wir ein neues politisches Projekt aufbieten, das der Verachtung der Freiheit gewachsen ist.

60 Robert Menasse: Der Europäische Landbote. Die Wut der Bürger und der Friede Europas oder Warum die geschenkte Demokratie einer erkämpften weichen muss. Wien 2012, S. 98.
61 Umfrage der Europäischen Kommission und des Leibniz Instituts für Sozialwissenschaften, November 2011

Zur Freiheit – Manifest der linksliberalen Politik

Zum Recht: Ordnungen der Gleichheit

(1) Die bürgerliche Idee, dass die Emanzipation des Menschen ihren stärksten politischen Ausdruck im Recht findet, ist nicht überholt. Der Kampf um das universelle Recht aller ist überall der Kampf um die Freiheit eines jeden. Keine intellektuelle Träumerei, keine Ideologie, keine permanente Revolte oder spontaneistische Bewegung, keine abgesonderte Glaubensgemeinschaft, keine Klasse, Kaste, Kultur, Kirche oder ethnische Identität kann das allgemeine Recht ersetzen. Jede fortgeschrittene Gesellschaft ist in diesem Sinne eine bürgerliche Gesellschaft. Lagerbildungen und Ghettos – auch ideelle – sind ihr fremd. Sie schließt weder aus, noch sperrt sie ein, sondern sie strebt nach offenen Zugängen zur politischen Heimat im Bürgerrecht. Jedes Programm für die Verbesserung der Lebenschancen beginnt mit der Verteidigung des Rechts der Bürgerinnen und Bürger.

(2) Die bürgerliche Moderne ist unvollendet. Ihr Anspruch ist uneingelöst. Sie trägt die Narben ihrer Kämpfe, zu denen nicht zuletzt das blutige Ringen mit ihren eigenen Dämonen zählt: mit der Hybris der Umerziehung des Menschen, der Unterwerfung der Natur, der Höherzüchtung des Lebens, der Zwangskollektivierung des Individuums, mit dem Sozialdarwinismus, der die Untüchtigen aussondert, und mit dem Warencharakter der sozialen Beziehungen, der den Menschen käuflich macht. Über die Moderne kann aufgeklärt niemand mehr mit der Naivität der ersten Stunde sprechen. Die „besseren Engel unserer Natur“, die Lincoln am Vorabend der ersten modernen Massenschlachten im amerikanischen Bürgerkrieg beschwor, sind keine makellosen, sie sind gefallene Wesen.

Die Konservativen sagen: Überspannte Erwartungen an den Fortschritt und Illusionen über die Natur des Menschen haben das Unglück heraufbeschworen. Sie wollen die Geschichte anhalten und das gewohnte Sozialgefüge stabilisieren. Davon jedoch hätten einige und noch immer zu wenige mehr als andere, die noch immer die Mehrheit bilden. Deshalb wühlt die Geschichte weiter. Die Zeit, in der die Verhältnisse so sind, dass man sie konservieren möchte, ist noch nicht gekommen. Einzelne Ziele wandeln sich, und die Wege bleiben offen, aber der Leitstern der menschenmöglichen Freiheit aller gibt der unerfüllten Mission der bürgerlichen Moderne noch immer die Richtung.

(3) Die größte Verletzung des Freiheitsversprechens ist die Ungleichheit. Nicht jeder Mensch wird in ein offenes Leben geboren. Nicht jedes Kind erhält den Schutz und die Chance, die es braucht, um seines Glückes Schmied zu werden. Nicht jedes Mädchen kommt dort zur Welt, wo es unverletzt bleibt und Gleichberechtigung etwas zählt. Nicht jeder Junge entgeht den Religionen, die aus der Kindheit eine Schule des Fanatismus machen, den Kriegsherren, die Kinder als Soldaten rekrutieren. Dass jeder ein „Weltbürger" sei, ist nicht viel mehr als eine Floskel. Als Bürgerin, als Bürger eines Landes geboren zu werden, das dein Recht verteidigen will und kann, ist ein Privileg, das Hunderte Millionen Menschen nicht haben. Selbst dort, wo jeder ein Bürgerrecht erhält, das etwas bedeutet, vererben die Familien den Bürgerstatus erster, zweiter oder dritter Klasse. Das ist der Stand der Dinge, den Konservative stabil halten wollen, aber nicht können, denn vom Topf, in dem die Ungerechtigkeit kocht, springt immer wieder der Deckel. Freiheit ohne Gleichheit ist kein Recht, sondern ein Vorrecht, an dem sich der Unfrieden entzündet. Wer arm ist, bleibt abhängig. Frei ist aber auch der nicht, der sich hinter den Mauern, in den Clubs oder gepanzerten Wagen seiner Privilegien verschanzen muss. Wer die Freiheit sichern will, muss für den Fortschritt der Gleichheit eintreten. Je mehr Menschen bessere Lebenschancen finden, desto größer wird

der Freiheitsraum aller. Der Maßstab für gleiche Chancen ist nicht, dass die Unterschiede von Talent, Charakter oder Lebensentwürfen eingeebnet würden, dass alle das gleiche wissen oder besitzen, sondern: dass alle sich in einer offenen Gesellschaft ohne Scham, Furcht, Dünkel oder Hass begegnen können, in einem öffentlichen Raum, der unverzäunt ist und gebührenfrei bleibt und in dem nicht das Eintrittsgeld in den Club die soziale Teilhabe bestimmt. Das Maß von Gleichheit, das eine liberale Ordnung fordert, ist, dass wir, gleich welcher Herkunft, in einer Gesellschaft leben, eine gemeinsame Sprache sprechen und eine gemeinsame Zukunft suchen.

(4) Es gibt keine liberale Gesellschaft ohne institutionelle Ordnung. Protest, Aufstand und Revolte sind die Antwort auf Unterdrückung. Im Moment der Befreiung zerbricht eine Ordnung der Ungleichheit, und die Menschen nehmen ihr Recht in die eigene Hand. Protest in Permanenz und Sehnsucht nach Anarchie aber führen in die Willkür, wo das Faustrecht gilt und Angst das Leben eng macht. Freiheit ist ohne neue Ordnung nicht denkbar. In ihr materialisiert sich das „Wir" derer, die einander als Freie und Gleiche begegnen. Zum Selbstbewusstsein einer egalitären Gesellschaft gehört die Augenhöhe im Umgang miteinander. Diese Gesellschaft ist eine Lebensform des Respekts vor der individuellen Entfaltung. Und sie sucht den sozialen Ausgleich, um denen hoch zu helfen, die es aus eigener Kraft nicht schaffen. Dies sind die Ziele, die ihren Institutionen zugrunde liegen. Der Staat ist ein kalter Begriff. Nur wer Unterordnung will, macht ihn zum Selbstzweck. Für die egalitäre Gesellschaft ist der Staat kein Wert an sich. Sie will Mitbestimmung. Ihr geht es also immer um die partizipative Qualität und Transparenz der Institutionen. „Der Staat, das sind wir!", lautet die Losung. Eine politisch wache Bürgergesellschaft organisiert sich im demokratischen Staat. Das heißt auch: Alle Ansprüche an den Staat stellen die Bürger letztlich an sich selbst.

(5) Die Zukunft findet im Plural statt. Gesellschaften, die das Bürgerrecht in den Mittelpunkt stellen, können verschiedene

politische Verfassungen entwickeln. Zwischen Kooperation und Konsens einerseits, Zuspitzung und Konkurrenz andererseits, zwischen Kompromiss und Mehrheitsentscheid sind viele Facetten möglich. Keine ist der anderen a priori überlegen. Im internationalen Austausch taugen die Schablonen nicht. Der Export politischer Modelle ist zumeist dem Stolz und dem Einflussinteresse des Absenders geschuldet, nutzt aber selten dem Empfänger. Nicht jede öffentliche Einrichtung, jedes Gesetz oder jede Verordnung ist kopierbar. Gesellschaften haben Geschichte und folgen historischen Pfaden. Worauf es ankommt, ist die Richtung der Entwicklung im Horizont gleicher Rechte des Menschen. Um den besseren Fortschritt zu diesem Ziel soll es einen Wettbewerb der Ideen geben, der inspirierend ist und überraschende Lehren mit sich bringt. Das Freiheitsrecht des Menschen ist überall gleich gültig. Die Ordnungen der Gleichheit aber sind vielfältig.

(6) Europa ist ein Projekt der politischen Gleichheit. Nur so kann es seine Binnengrenzen niederreißen und den Entfaltungsraum der Freiheit vergrößern. Nur so sichert es den Frieden. Die europäische Idee ist im Kern das Wagnis einer Internationalisierung des Bürgerrechts. Die schützende Hand des Nationalstaates wird überwölbt durch eine europäische Ordnung, die ein eigenes Bürgerrecht kennt. Es hat sich Schritt für Schritt von einer Beschwörungsformel zu einem einklagbaren Status entwickelt, der vorrangig in dem Recht der EU-Bürger besteht, sich überall niederzulassen, ein Gewerbe zu gründen oder Arbeit aufzunehmen. Das Nebeneinander von nationalem und europäischem Recht, von Gesetzgebern und Richtern beider Ebenen macht die Sache nicht übersichtlicher. Europa ist eine föderale Ordnung. Et pluribus unum, Einheit in Vielfalt, lautet ihr Credo. Vielfalt gilt für die unterschiedlichen Ausprägungen des Sozialmodells und der Daseinsvorsorge, denn niemand soll auf einen niedrigeren Standard gezwungen werden. Doch auch in diesem Feld sind die Kräfte der Angleichung stark. Denn Einheit ist überall gefordert, wo der europäische Austausch gleiche Bedingun-

gen für die Mobilität der Menschen und den Wettbewerb der Unternehmen erzwingt. Der gemeinsame europäische Markt erfordert gemeinsame Spielregeln, bei technischen Normen, im Kapitalverkehr, bei der Fiskalpolitik, der Besteuerung, den Mindestnormen der sozialen und ökologischen Regulierung. Niemand soll sich auf Kosten der anderen drücken oder bereichern. Die Alternative, vor der Europa steht, ist einfach: Entweder die Staaten kehren zurück zum Protektionismus, oder es gelingt der Schritt zu einer gemeinsamen Marktordnung. Nur wer die Regeln akzeptiert, kann auf diesem Markt die vollen Freiheiten genießen. Europas Einheit ist schließlich gefordert, um grenzüberschreitende Probleme zu bewältigen, mit denen jeder einzelne Staat überfordert ist: Energieversorgung und Klimawandel, Sicherheit vor Seuchen, vor Krieg, Gewalt und organisierter Kriminalität.

(7) Die erste Globalisierung hat ihren Zenit überschritten. Sie hat eine unbezwingbare Kraft entfaltet bei der Überwindung von physischen und politischen Hürden. Angetrieben durch die technischen Revolutionen der Mobilität und der Kommunikation hat sie die Hemmnisse, die räumlichen Distanzen und Abschottungen beseitigt, die der Integration der Märkte entgegenstanden. Eine weltweit vernetzte Öffentlichkeit ist entstanden. Nationalökonomien sind zu einer Globalökonomie verbunden, die viele Millionen Menschen aus der Armut gehoben und in den neuen Wirtschaftsmächten eine neue Mittelschicht gebildet hat. Diese Globalisierung der Märkte stößt nun auf die Widersprüche ihres Erfolgs. Sie hat Reichtum geschaffen, aber auch gesellschaftliche Gegensätze in und zwischen den Ländern, die von ihr erfasst wurden. Sie hat Wohlstand ebenso wie Ungleichheiten vergrößert und soziale Spaltungen aufgerissen. Sie hat immense neue und noch lange nicht erschöpfte Rohstoffvorkommen erschlossen, doch der Energiehunger und der Schadstoffausstoß ihrer großen Profiteure stoßen an die Belastungsgrenzen der Biosphäre. Sie hat mit dem Sozialprodukt auch die Macht einiger Staaten immens wachsen lassen, doch im Wettbewerb der Standorte, die

sich mit Subventionen über- und mit Sozialdumping unterbieten, ist die politische Regelungskraft aller Staaten geschwächt worden, und selbst die größten verschaffen den globalen Konzernen Privilegien wie hilflose Riesen. Diese erste Globalisierung findet keine Antwort mehr auf die Probleme, die sie selbst geschaffen hat. Ihre Eliten, die vor allem ökonomische und zuletzt finanzwirtschaftliche Eliten gewesen sind, finden im Arsenal der Deregulierung keine Instrumente mehr, um den Kollaps der Märkte abzuwenden.

(8) Wir brauchen Passagen in die zweite Globalisierung. Die Konturen sind am Horizont erkennbar geworden. Es wird die politische Globalisierung sein. Ihre Avantgarde ist in den sozialen Bewegungen der globalen Öffentlichkeit politisiert worden, die den Finanzkapitalismus bändigen und das Naturerbe des Planeten schützen wollen. Ihre ersten Waffen sind Transparenz, Berichterstattung der Medien, Verbraucheraufklärung, Skandalisierung und Druck auf globale Unternehmen wie Apple, die in Asien die Arbeiterinnen und Arbeiter der Zulieferer ausbeuten, während der reichste Konzern der Welt auf Kapitalreserven von mehr als 137 Milliarden Dollar sitzt. Die Elite der zweiten Globalisierung agiert mit den Mitteln des internationalen Rechts und einer neuen Diplomatie, der Energie- und Klimadiplomatie, der Finanzdiplomatie, der Sozialdiplomatie. Die Suche richtet sich auf einen Gesellschaftsvertrag für die Globalökonomie. Er stellt nicht die Öffnung der Grenzen und Märkte infrage, sondern geht den nächsten Schritt. Dieser Schritt ist nicht zwangsläufig. Aber er ist folgerichtig. Er folgt dem Weg einer zusammenwachsenden Welt. Wer freie Märkte sichern will, muss die große Aufgabe angehen und gemeinsam vereinbarte Regeln für diese Märkte schaffen. Eine globale Ordnung im präzisen Sinne, also demokratisch legitimiertes Recht mit Sanktionsmacht, ist noch weit entfernt. Weil bestehende Institutionen noch nicht funktionieren und funktionierende noch nicht gebaut sind, sind die universell leitenden Werte umso wichtiger. In der babylonischen Verwirrung der globalen Interessenkonflikte sind

es die einfachen Leitwerte von Freiheit und Gleichheit, die helfen, eine gemeinsame politische Sprache der zusammenwachsenden Welt zu finden.

Zur Demokratie: Warum es eine Gesellschaft gibt und wie wir Auswege aus dem falschen Gegensatz von Staat und Markt finden

(9) In der Demokratie findet die Freiheit zur Politik. Sie ist die institutionelle Ordnung der liberalen und egalitären Gesellschaft. Nur sie allein. Ohne sie ist der Liberalismus eine Laune oder Lüge. Sie ist der Dreh- und Angelpunkt, weil sie die Machtfrage stellt – und beantwortet mit der gleichberechtigten Mitbestimmung jedenfalls der wahlmündigen Bürgerinnen und Bürger. Jeder einzelne, ob arm oder reich, hat hier die eine gleiche Stimme, um seine Regierung zu wählen oder abzuwählen. Nur unter dieser Voraussetzung hat es Sinn, das Primat der Politik über wirtschaftliche Macht zu fordern. Ob Willkür von Oligarchen und Autokraten in Staatsämtern ausgeht oder von solchen in den Konzernen, macht kaum einen Unterschied, zumal die Diktatur diese beiden Sphären der Macht fusioniert. Wer den „starken Staat" fordert, soll zuvor erklären, worin die Stärke besteht. Pure Exekutivmacht kann es nicht sein. Sie ist der Koloss auf tönernen Füßen, anfällig für Täuschung, Klientelpolitik und Korruption. Politische Stärke kommt durch Dialogfähigkeit, Transparenz, Beteiligung, Wahl und Legitimität. Es geht also um den Vorrang der Demokratie. Jede Entscheidung von Belang, mit der die Lebenschancen auch nur eines einzigen Menschen berührt werden, muss vor das öffentliche Forum der demokratischen Beratung.

(10) Dass es keine Gesellschaft gebe, nur einzelne Individuen, war das Bonmot der Anhänger eines absoluten Marktes. Zu widersprechen fällt leicht. Aber richtig ist: Keine Person geht im sozialen Zusammenhang auf. Kein Gemeinsinn ohne

Eigensinn, ohne Kritik, Ironie, eigene Urteilskraft, Verantwortung, Veränderung. Die große Inspiration der Moderne ist die Unverfügbarkeit der emanzipierten Kreativität, die weder vorauszuberechnen noch stillzulegen ist. Sie ist der Unruheherd des Fortschritts. Darin ist die Moderne jeder Orthodoxie und jedem Traditionalismus auf unerschöpfliche Weise überlegen. Wer aber sagt, dass das Soziale durch die Individualität gefährdet ist, dass es außerhalb der Kirche kein Heil gibt, dass es heißt „mehr Wir" oder „mehr Ich", entweder gemeinsam oder einsam, der geht der marktradikalen Polemik noch im Widerspruch auf den Leim. Er denkt wie Thatcher und Co im falschen Antagonismus. Eine Gesellschaft gibt es deshalb, weil einzelne Menschen sich auf andere beziehen, wenn sie streiten, kooperieren, verantworten, erfinden, produzieren oder kaufen. Der Sozialbezug schwächt nicht die individuelle Freiheit, sondern macht sie aus, erweitert sie. Persönlichkeiten entwickeln sich in sozialen Beziehungen. Und starke Persönlichkeiten stärken die Gemeinschaften. Der Punkt, an dem sich die Identifikation mit der gemeinsamen Sache vollzieht, ist die Erfahrung, vom Objekt zum Subjekt von Entscheidungen zu werden. Eine Stimme zu haben und Gehör zu finden, die Dinge neu in Bewegung zu setzen, darum geht es. Das Maß an Mitwirkung bestimmt also das Maß der Freiheit, und das Maß der Mitwirkungsfreiheit die Überzeugungskraft gemeinsamer Ziele. Abkürzungen gibt es nicht: Der Weg zur Gesellschaft führt durch die demokratische Erfahrung.

(11) Integration von Einwanderern heißt vor allem, alle Kenntnisse und Rechte geben und stärken, die dazu befähigen, als Bürgerin und Bürger die Gesellschaft und ihre politischen Institutionen zu gestalten: die gemeinsame Sprache, das aktive und passive Wahlrecht, Schulabschlüsse und Berufszugänge. Demokratien gelingt die Integration besser. Nicht weil jeder jedem egal ist und alle nach ihrer Facon selig werden dürfen. Sondern weil gemeinsame Debatten ein vorurteilsfreieres Wissen voneinander fördern, weil durch gemeinsame Entscheidungen wechselseitige Verbindlichkeit entsteht und

weil dort, wo einer dem anderen ansieht, dass er mit anpackt, der Respekt stetig wächst.

(12) Partizipation ist die Ermächtigung des Menschen. Nicht Gebückte, sondern Aufrechte wollen wir sein. Dieses Bild erklärt manche Feindschaften: Liberale stellen sich gegen den Staat. Linke fürchten den Markt. Beides sind historisch berechtigte Positionen. Der Liberalismus will Entscheidungsfreiheit und Autonomie des Menschen gegen überbordende Bürokratie verteidigen. Die Linke will die politische Gestaltungsfähigkeit gegen Ansprüche privatwirtschaftlicher Mächte behaupten. Beide haben Recht. Aber sie sind auf dem je anderen Auge blind. Beim Versuch, mit dem ungeübten Auge zu sehen, fiele dem Liberalen auf, dass der regulierende Rechtsstaat ein Freund der Freiheit ist, und dem Linken würde klar, dass transparente Wettbewerbsmärkte mit freien Gewerkschaften die Position der Arbeitnehmers wie die des Verbrauchers stärken können. Und beide würden einen gemeinsamen Gegner erkennen: den „Staatsmonopolkapitalismus“, der privatwirtschaftliche Monopole schützt und unter Staatsaufsicht die Steigerung von Monopol- und Kapitalrenten in wenigen Händen ermöglicht. Wo ökonomische Privilegien nach Gefolgschaft vergeben und Cliquen bedient werden oder wo das Geld der Steuerzahler für kapitalistische Hasardeure verpfändet wird, sollten wir die politischen Lagerkämpfe überdenken. Offenbar geht es gegen den Klientelismus darum, das Recht staatlichen Handelns mit der partizipativen Forderung bürgerlicher Freiheit zu einem Demokratieprogramm zu verbinden. Ein Programm für ein transparentes, gerechtes Steuerrecht, für demokratisch legitimiertes Ordnungsrecht, das auch vor verwahrlosten Arbeitsbeziehungen nicht halt macht. Die Demokratie hebt den falschen Gegensatz zwischen Staat und Markt auf, und das Programm demokratischer Erneuerung überwindet die historisch unselige Gegnerschaft zwischen Linken und Liberalen.

(13) In den zur Anonymität tendierenden europäischen und internationalen Abhängigkeiten liegt gegenwärtig die größte

Gefährdung der Demokratie. Das Dilemma liegt auf der Hand: Wir brauchen bei offenen Märkten die stabilisierenden und überwachenden Instanzen auf internationaler Ebene – eine europäische Finanzverfassung, die sanktionsbewehrt ist; Mindestnormen der Besteuerung und der sozial-ökologischen Ordnung. Aber die Institutionen, die geschaffen wurden, sind demokratisch nicht oder nur indirekt legitimiert. Die Europäische Zentralbank ist, nachdem sie mit den Verträgen von Maastricht und Lissabon für die Teilnehmer der Währungsunion einmal konstituiert war, nur ihrem Statut verpflichtet und handelt autonom. Dennoch ist sie zur mächtigsten europäischen Finanzinstitution geworden, die durch unbegrenzte Kapitalmarkteingriffe wie den Kauf von Staatsanleihen große Risiken in ihre Bilanz zieht und faktisch die europäische Gemeinschaftshaftung für Schulden außerhalb des europäischen Rechts auf dem kalten Wege herbeiführt. Der Europäische Stabilitätsmechanismus[62], der 2012 durch ein Ratifizierungsgesetz mit Zweidrittelmehrheit im Bundestag beschlossen wurde, wird durch Geld der Steuerzahler in Höhe von 700 Milliarden Euro, der deutsche Anteil beträgt 190 Milliarden, gespeist und besichert, doch die Entscheidungen über den Mitteleinsatz werden von einem Gouverneursrat getroffen, der aus Mitgliedern der nationalen Regierungen besteht. Die unmittelbare Haushaltskontrolle durch das Parlament wird eingeschränkt. Bei Kapitalmarktverwerfungen sind auch klandestine Entscheidungen vorgesehen. Private Banken sollen direkt aus dem Europäischen Stabilitätsmechanismus (ESM) rekapitalisiert werden können. Die Bediensteten sind extraterritorial, genießen Immunität, sind in ihrer Amtsführung keiner Gerichtsbarkeit unterworfen und zahlen statt Einkommensteuer eine interne Abgabe zugunsten des ESM. Der Geschäftsführer erhält 324 000 Euro jährlich, mehr als die Regierungschefin des größten Kapitalgebers Deutschland, deren

62 Gesetz zu dem Vertrag vom 2. Februar 2012 zur Einrichtung des Europäischen Stabilitätsmechanismus. Bundesgesetzblatt Teil II, Jg. 2012, Nr. 28, 18. September 2012, S. 981.

Bezüge bei 247 000 Euro liegen. Diese Institutionen werden durch gewählte Regierungen verhandelt und durch nationale Parlamente ratifiziert. Doch ihre Statuten und ihre Praxis heben sie heraus aus der unmittelbaren politischen Rechenschaftspflicht gegenüber einer wachen Öffentlichkeit und den Parlamenten der Länder, die für sie haften. Sie etablieren schleichend eine neue Ebene der Souveränität, welche die staatliche Souveränität auszehrt, dabei aber keine neue Ebene der demokratischen Kontrolle und Legitimierung schafft. Die Finanzinstitutionen sind gesichtslose und technokratische Gebilde. Der Bürger verliert die Berührung zu ihnen. Und doch sind sie unausweichlich geworden, um die Union zu festigen und den Zusammenhalt Europas zu bewahren. Für dieses Dilemma gibt es kein Entweder-Oder. Es gibt nur Zwischenlösungen, Etappen und Passagen in die Zukunft.

(14) Wir müssen, erstens, die Demokratie überall dort verteidigen, wo sie etwas bedeutet. Deshalb ist es richtig, dass die nationalen Parlamente um ihre Kontrollrechte im Regime der europäischen Finanzhilfen kämpfen. Die Formierung einer europäischen Öffentlichkeit hat in der Schuldenkrise ihren wahrscheinlich größten Sprung gemacht. Da beim Geld der Spaß aufhört, sind es die Finanzen, bei denen die Verbindlichkeit beginnt. Doch die Institutionen der europäischen Demokratie hinken hinterher. Nach Lage der Dinge kann das Europäische Parlament die nationalen Parlamente nicht ersetzen. Es ist nicht nach dem Prinzip der Wahlgleichheit – gleiches Gewicht für jede Stimme – gewählt, da kleine Nationen vor Majorisierung durch größere geschützt sein sollen; die Beteiligung an EP-Wahlen ist gesunken von 63 Prozent 1979 auf zuletzt 43 Prozent. Vor allem hat das Europäische Parlament keine ausreichende Budgetkontrolle. Ja, es beschließt den Haushalt der Europäischen Union. Doch dieser ist mit 147 Milliarden Euro bei 500 Millionen Unionsbürgern sehr klein. Nicht das Budget der Union, sondern die Haushalte der Mitgliedstaaten und ihre Schulden sind es, die Europas soziale und ökonomische Realität bestimmen. Der Zugriff auf diese

Haushalte darf nicht europäisiert werden. Denn es gibt kein Unionsparlament, das diesen Griff kontrollieren und legitimieren könnte. Wir brauchen gerade in stürmischen Zeiten, in denen Europa um eine neue Rechtsordnung ringt, starke und selbstbewusste Parlamentarier auf nationaler Ebene. Von ihnen geht die Legitimität aus, die Europa im Wandel stützen und vor den Beutezügen der nationalistischen Populisten schützen kann.

(15) Mit großer Gefahr kommt, zweitens, auch eine große Aufgabe: Europas Demokratie zu bauen. Diese Demokratie wäre anders als alle anderen modernen Demokratien zuvor. Sie wäre eine multilinguale, multinationale Demokratie, die viele starke Nationalstaatstraditionen und historische Identitäten vereinigte. Ein beispielloses Projekt, über das man nur im Konjunktiv zu sprechen wagt und dessen Ausgang ungewisser denn je erscheint. Sicher aber ist: In einer Zeit von Wut und Angst, in der die Arbeitslosigkeit in Europa Rekordstände erreicht und eine ganze Generation junger Europäer ohne Hoffnung ist, sollte man die große Verfassungsreform nicht erzwingen. Solange die Mittelschichten in den südlichen Ländern verarmen, Löhne sinken, Mieten und Medikamente unbezahlbar, aber ausländische Kapitalgeber weiter bedient werden, solange in den starken Ländern die Mehrheit trotzdem glaubt, von den verschuldeten Ländern ausgesogen zu werden, solange ein als fremdbestimmt empfundenes Austeritätsdiktat die EU eher als Abrissunternehmen denn als Aufbaugemeinschaft dastehen lässt, solange wäre ein Europareferendum zum Scheitern verdammt. Europa wurde nach dem Zweiten Weltkrieg nicht mit Schuldzuweisungen aufgebaut. Nicht Demontage und Deindustrialisierung, sondern Marshall- und Schumanplan waren das Erfolgsrezept: Aufbauinvestitionen plus politischer Zusammenhalt. Ökonomie und Demokratie hängen zusammen. Wer den Bau von Europas Demokratie angehen will, muss die ökonomische Basis legen und mit einem umfassenden Recovery-Programm beginnen. Die Aufbauinvestitionen geben das Startsignal für eine neue industrielle

Revolution, angetrieben durch die ökologische Moderne in Mobilität und Energie. Sie machen Europa zum globalen Vorreiter eines neuen nachhaltigen Wohlstandsmodells. Das Programm achtet auf die soziale Inklusion der größtmöglichen Zahl von Unionsbürgern in Bildung und Arbeit. Dies ist keine Frage des Geldes. Denn Kapital ist genug da. Es ist eine Frage, wie Kapital umgelenkt werden kann vom unproduktiven Spekulationsgeschäft in die Realwirtschaft. Die Einführung einer Finanztransaktionssteuer hilft bei dieser Weichenstellung für neue Wertschöpfung. Ein Aufbaufonds soll geschaffen werden. Er kann und soll aus dem Haushalt der Union kommen. Zu diesem Zweck soll die Transaktionssteuer die erste eigene Steuer der Union sein und ihr Aufkommen in den Aufbaufonds fließen. Der kann und soll vom Europäischen Parlament kontrolliert werden. In dem Moment, in dem die europäische Wirtschaft neu anläuft, schlägt auch die Stunde des Unionsparlaments. Es hatte Anteil am Aufbau und hat nun Glaubwürdigkeit für den Umbau. Mit einer Wahlrechtsreform nach dem Leitbild der Bürgergleichheit soll seine Repräsentativität erhöht werden. Es soll einen Ausschuss bilden für Finanz- und Währungsfragen des Euroraums. Dieser Ausschuss soll gemeinsam mit einer zweiten Kammer aus Vertretern der nationalen Parlamente den Entwurf einer Finanzverfassung für die Union formulieren, zunächst für die Mitglieder der Währungsunion. Vereinbart werden Prinzipien der Besteuerung, so dass Steuerdumping einiger auf Kosten anderer Länder ausgeschlossen und eine tragfähige Einnahmebasis aller Staaten gesichert wird. Vereinbart werden Korridore für öffentliche Investitionen mit dem Ziel, wirtschaftliche Ungleichgewichte abzubauen. Zugleich werden der Fiskalpakt mit seiner Regel zur Schuldenbegrenzung und der ESM als Instrument für Nothilfen Teil der Finanzverfassung. Sie enthält auch die Regeln zur Kontrolle der Verschuldung nationaler Haushalte. Diese Finanzverfassung kann den gemeinsamen Ausschuss aus Europaparlament und nationalen Parlamenten als Kontrollorgan bestimmen und einen Finanzminister für die Währungsunion etablieren. In Streitfällen über Verstöße kann die europäische Gerichtsbarkeit angerufen werden. Als Teil der Finanzverfassung soll ein Europäischer Schuldentilgungsfonds entstehen, der gemeinschaftliche Anleihen begibt. Für all das bedarf es der Änderung der Europäischen Verträge. Gelingt dies nicht, darf es keine Dauerblockade von Ländern geben, die nichts voranbringen wollen, aber alles verhindern können. Dann müssen die 17 Staaten der Währungsunion allein vorangehen und den neuen Bund bilden, der offen für neue Mitglieder bleibt. Und es bedarf, da nicht weniger als ein neuer Solidarverbund entsteht, eines Referendums in allen Staaten, die daran teilnehmen. Dies wäre ein Programm für die nächsten zehn Jahre.

Zur politischen Souveränität: Warum Schuldenmachen kein linkes und ein Austeritätsdiktat kein liberales Projekt ist

(16) Politische Souveränität ist ein anderer Ausdruck für den Vorrang der Demokratie. Eine europäische Mechanik, die frei gewählte Parlamente entmachtet, verletzt die Idee Europas als ein Projekt der Gleichheit in ihrem Kern. Sie setzt den Frieden aufs Spiel. Wer glaubt, es genüge, im Kreis der Regierungen einen „europäischen Sparkommissar" einzusetzen, der in die Haushalte eingreifen und Regierungen zwingen kann, gegen den Willen ihrer Bürger Steuern zu erhöhen, öffentliches Eigentum zu privatisieren und Leistungen der Sozialversicherungen zu kürzen, der hantiert mit einem Sprengsatz. Ein von außen aufgezwungenes Austeritätsdiktat ist kein liberales Projekt. Weder folgt es dem Gebot politischer Freiheit: Denn die parlamentarische Demokratie wie einen alten Lumpen wegzuwerfen, weil sie für nervöse Finanzmärkte zu langsam oder zu widerborstig ist, gibt eine mehr als 200 Jahre alte europäische Verfassungstradition der Verachtung preis. Noch bleibt dieses Diktat der Wohlstandsverheißung liberaler Gesellschaf-

ten treu: Denn die Lasten der Haushaltskonsolidierung werden auf die schwächsten Schultern geladen. Auf Banken und Schattenbanken wird mehr Rücksicht genommen als auf Steuerzahler und Arbeitnehmer. Die Zange pauschaler Haushaltskürzungen würgt die wirtschaftliche Dynamik binnenmarktzentrierter Ökonomien zusätzlich ab, verschärft die Rezession zu einer mehrjährigen Depression, lässt Staatseinnahmen sinken, Schulden steigen und zieht wie zur Verhöhnung der Politik noch schlechtere Kreditratings nach sich.

(17) Die Theorie des schuldenfinanzierten Wachstums sagt: Durch Kredit wird Kapital geschöpft, das es zuvor nicht gab und das durch Effekte und Hebeleffekte von Investitionen eine zusätzliche Wertschöpfung finanziert, die den Gegenwert der Schulden übersteigt. Wer Schulden bremsen will, heißt es, würde Wachstum verhindern. Die Realität zeigt jedoch: Die Schulden der öffentlichen Haushalte sind gestiegen, während das durchschnittliche Wachstum zurückgegangen ist. Zum einen liegt dies an einer Politik der undifferenzierten Steuersenkungen, die nicht halten konnte, was sie versprochen hat. Denn selbst wo Gewinne der Unternehmen gestiegen sind, sind Investitionen zurückgegangen. Private Vermögen sind stark gewachsen, ohne dass zugleich auch die Realeinkommen der Arbeitnehmermitte gestiegen wären. Joseph Stiglitz nennt das die „Rent-Seeking"-Ökonomie, die Jagd nach Kapitalrenten.[63] Der Staat hat dauerhaft auf Einnahmen verzichtet, die bei hoher Arbeitslosigkeit und sozialstaatlich subventionierten Niedriglöhnen nicht durch entsprechende Ausgabenkürzungen kompensiert werden konnten. Insgesamt ein schlechtes Geschäft für die öffentliche Hand. Zum anderen sind Schulden eine Anleihe bei der Zukunft, die, wenn die Produktivitätserwartung zusätzlicher und nachhaltiger Wertschöpfung enttäuscht wird und expandierende Sozialausgaben mitlaufen, die Spielräume der Handlungsfähigkeit verengt. In den öffentlichen Haushalten ist diese Verengung

63 Joseph Stiglitz: Der Preis der Ungleichheit, S. 61ff.

der Zukunftsräume abzulesen am zunehmenden Anteil, den die Vergangenheitslasten in der Form des Schuldendienstes ausmachen. Zwar ist das Steueraufkommen gestiegen. Doch der Anteil der Zinslast eben auch. Gerecht ist das nicht, denn Zinszahlungen verteilen das Steueraufkommen zugunsten derer, die Kapital besitzen, statt es für Bildungsinvestitionen zu nutzen, mit denen die Chancen derer steigen, die keine Erbschaften machen. Steigt die öffentliche Verschuldung im Verhältnis zur Wirtschaftsleistung (die Schuldenquote) über eine kritische Marke, tritt ein weiterer Verlust politischer Steuerungskraft ein: Wenn die Gläubiger nicht gerade alle im Inland sitzen, steigt die Abhängigkeit des Staates von internationalen Kapitalmärkten. Und je höher die Schuldenquote, desto höher in der Regel der Preis, den der Schuldner in Form von Risikoaufschlägen beim Zins zu entrichten hat, um an ausreichend Kredit zu kommen. Für die Kapitalgeber ist das lukrativ, solange das Opfer noch irgendwie solvent ist. Banken lieben Schulden. Sie reichen – wie Goldman Sachs – schon einmal die Hand zur Bilanzfälschung, um das Geschäft mit der Zinsknechtschaft weiterzutreiben. Ein Teufelskreis also. Was im Extrem geschieht, wenn ein Übermaß von Schulden die politische Souveränität eines Staates zerbricht, lässt sich am Fall Griechenland besichtigen. Der unausweichlich gewordene Schuldenschnitt war kein Segen für die Griechen. Er war die maximale Strafe. Denn er sanktioniert die Tatsache, dass das Land seine Glaubwürdigkeit und Geschäftsfähigkeit eingebüßt hat. Jetzt geben nicht mehr die Märkte, sondern die Regierungen der Hilfskreditgeber den Preis vor. Jetzt wird die Schuld politisch beglichen. Denn das griechische Parlament kann nur noch abnicken, was von anderen an Bedingungen formuliert wird. Referenden werden untersagt. Nationale Wahlen werden zur Farce. Wenn „links" bedeutet, den Vorrang der Demokratie zu sichern, dann ist Schuldenmachen kein linkes Projekt. Regeln zur Schuldenbegrenzung aber stärken die Demokratie. Denn sie verhindern den verstohlenen Ausweg in den Kredit, wo wir als Gesellschaft über unsere Prioritäten entscheiden und eine offene Debatte über unnötige Verschwendung, über notwendige, durchschaubare, einfache, gerechte Steuern und über wichtige Ausgaben führen: Investitionen in Bildung, in Wissen, in die Arbeit und Wertschöpfung von morgen.

Zum Fortschritt: Vom Wachstum zum Wohlstand

(18) Die ökologische Frage erfordert eine ökonomische Antwort. Die Verzichtprediger in den schwarzen und grünen Bußgewändern tragen zum menschenmöglichen Fortschritt ebenso wenig bei wie Savonarola zu Humanismus und Renaissance. „Sackgasse Nullwachstum" nennt Ralf Fücks den Selbstbetrug eines hedonistischen Bürgertums.[64] Es leidet – im Luxus. Aber es hat den Kontakt zur industriellen Produktion und damit zum großen Treiber ökologischer Innovationen verloren. Ein konservativer Kulturpessimismus hat sich breit gemacht, der wie Mehltau über Hoffnung und Zukunft der Gesellschaft liegt und die Kräfte lähmt, die das Schlechte verbessern. Es kommt aber darauf an, die Welt nicht bloß zu beklagen, sondern zu verändern.

(19) Die Ökonomie von morgen muss die Probleme von heute lösen, um erfolgreich zu sein. Sie wird weniger Energie und Ressourcen verbrauchen, weniger Klimagase ausstoßen und dadurch eine höhere Produktivität erreichen. Sie entsteht im Labor der avancierten Industrien, die in leistungsfähigen Infrastrukturen und Netzwerken verbunden sind. Industrieunternehmen sind keine Monolithe mehr, sondern kooperierende Produzenten, die ein dichtes Netz von Wissensdiensten, Zuarbeitern und Zulieferern, Versorgern und Entsorgern umgibt. Deshalb ist der Gegensatz von Industrie und Dienstleistung von gestern. Nicht auf den einzelnen Betrieb, das einzelne

64 Ralf Fücks: Intelligent wachsen. Die grüne Revolution. München 2013.

Produkt kommt es an, sondern auf die gesamte Wertschöpfungs- und Intelligenzkette und auf die Anpassungselastizität auf sich rasch wandelnden Märkten. Arbeitsqualität und -flexibilität, lernende Organisation, gemischte Belegschaften, flache Hierarchien, ergebnisorientierte Teams bestimmen die Arbeitswelt. Logistik, Kommunikation, Energieeffizienz, Stoffkreisläufe treiben die Innovationen.

(20) Die Ökonomie von morgen soll mehr Menschen aktiv in den Prozess der Wertschöpfung einbeziehen. Sie sollen den Wandel nicht nur erdulden, sie sollen ihn in Arbeit gestalten. Dieses Ziel liegt mit den steigenden Innovationsansprüchen und den technologischen Strukturumbrüchen im Widerstreit. Die Anforderungen der fluiden Wissensökonomie erfüllt nicht jeder. Fehlende oder veraltende Qualifikation, Stresserkrankungen, Rückzug, Abwehr von Weiterbildungszumutungen im Alter lassen Menschen aus der moderne Arbeitswelt herausfallen. Hinzu kommt: Rationalisierungen reduzieren den Arbeitskräftebedarf im produzierenden Gewerbe. Neue Technologien, zum Beispiel der Erneuerbaren Energien, sind weniger arbeitsintensiv als ältere, wie Abbau, Verarbeitung und Verstromung von Kohle. Was das leicht gebaute Elektroauto mit den Metallerzeugern und Getriebezulieferern machen wird, lässt sich ahnen. Außerdem: Die Netzwerkökonomie dezentralisiert Arbeitsprozesse, lagert aus, vergibt Werkverträge, lässt billigere Dienstleister die Arbeit erledigen, die vorher Betriebsangehörige machten. Die IT- und Kreativwirtschaft, die ihren Wertschöpfungsanteil stark steigert, ist notorisch für ungeregelte Arbeit und prekäre Entlohnung. Schließlich: Harte Preis- und Renditekonkurrenz bei Massenprodukten lässt Arbeitsplätze noch immer in asiatische Niedriglohnländer wandern, wo die Phones und Tablets in unseren Händen gebaut oder die Solarzellen auf unseren Dächern gefertigt werden. Alle diese mächtigen Trends stehen gegen die ausgezehrte Norm der Vollbeschäftigung in gut bezahlter und sozialversicherter Arbeit. Doch: Eine Spaltung in eine immer kleinere produktive und eine immer größere unproduktive

Klasse, in potente Arbeit und prekäre Jobs würde die Gesellschaft zerreißen. Das ist nicht durch eine allgemeine Bürgerrente wie dem bedingungslosen Grundeinkommen zu heilen. Es wäre der Armutsgroschen, der zur materiellen wie kulturellen Verelendung führt. Denn Alimente, die der Staat zahlt, damit Menschen stillgelegt werden, kränken den Empfänger in seinem Bedürfnis nach Selbstbestimmung. Sie bringen einen kalten Ton der Verachtung in die sozialen Beziehungen, denn die Steuer- und Abgabenzahler schauen herab auf die Transferabhängigen. Um die Zugänge zu anständiger Arbeit und die Teilhabe an den Wohlstandszuwächsen zu verbreitern, gibt es zwei Strategien. Keine kann die andere ersetzen. Individuelle Ermächtigung und kollektive Sicherheit bilden die zwei Pole einer neuen Ordnung der Arbeit.

(21) Die offensive Strategie ist die individuelle Ermächtigung des Menschen durch eine soziale Bildungsrevolution: Jeder Kindergarten, jede einzelne der 45 000 Schulen in Deutschland, ob öffentlich oder privat, muss für Kinder aller sozialer Schichten offen stehen. Steuerfinanzierte Gebührenfreiheit ist ein Weg. Aber auch Gebühren für hohe und Kostenfreiheit für geringe Familieneinkommen kann diesem Ziel dienen. Beide Wege können miteinander im Wettbewerb bleiben. Jede allgemeinbildende Schule muss höchsten Ansprüchen genügen und den ganzen Tag offen sein, unterrichten, anregen, herausfordern, dann Spiel, Sport, Kultur und Kunst bieten, zweisprachig, dreisprachig, international sein, ein Fenster aufmachen in das 21. Jahrhundert. Das Recht auf Bildung muss ausgeweitet werden in den vorschulischen und in den nachschulischen Bereich. Dabei ist nicht die restlose Verfügbarmachung des Menschen für das ökonomische Verwertungsinteresse das Ziel, sondern ein erweiterter Raum der Autonomie, vor allem auch der Zeitautonomie. Experimente, Pausen und Umwege im Leben bedeuten oft Charakterbildung. Krumme Wege, zweite und dritte Chancen müssen also möglich sein. Ein Abschluss im Erwachsenenalter, ein Studium aus dem Beruf heraus müssen alltäglich werden. Das Recht auf Wei-

terbildung muss unabhängig vom Arbeitgeber werden, aber nicht unter den Fittichen der Arbeitslosenverwaltung oder der Maßnahmenbranche, sondern an den besten Hochschulen des Landes umgesetzt werden. Denn sie sind die Profis für gute Chancen.

(22) Die zweite Strategie ist das Strafrecht, das Ordnungs-, das Arbeitsrecht. Einer halbkriminellen, oft mafiösen Verwahrlosung der Arbeitsbeziehungen muss auch mit Verboten und Geboten begegnet werden. Die Mitbestimmungsrechte der Gewerkschaften sind auszuweiten. Sie sollen sich auch auf den Einsatz von Sonderarbeitsverhältnissen wie Leiharbeit oder Werkvertragsarbeit erstrecken. Kollektiv verstärkte Verhandlungsmacht, die den Einzelnen schützt und das Lohngefüge stabilisiert, ist unverzichtbar, um das Gleichgewicht der Kräfte zwischen Kapital und Arbeit wenigstens annähernd wiederherzustellen. Auch in unserer Zeit brauchen wir ein Verbot der Ausbeutung von Menschen durch Menschen – in Europa, wo der kalte Putsch gegen die Tarifautonomie über sogenannte „Wettbewerbspakte" abzuwehren ist, die in Wahrheit Dumpingpakte sind; in den Ländern der G20; in einer globalen Sozialordnung, als deren Anwalt die Internationale Arbeitsorganisation der UN zu stärken ist. Handelsfreiheit kann nur gemeinsam mit sozialen Mindestnormen ausgeweitet werden, soll sie nicht zur Rechtlosigkeit der Arbeitsbeziehungen verkommen.

(23) Wachstum der Wirtschaft ist gut, wenn wir es neu ausrichten. Nicht jede Steigerung der volkswirtschaftlichen Gesamtrechnung bringt Fortschritt. Deshalb ist die soziale und ökologische Qualität der wirtschaftlichen Entwicklung zu messen. Wir brauchen 50 Jahre nach seiner Einsetzung einen neuen Sachverständigenrat mit neuem Auftrag. Er soll einen anderen Kompass an die Hand bekommen und zusätzlich zum Bruttoinlandsprodukt Indikatoren der Nachhaltigkeit, der Ökoeffizienz und der sozialen Teilhabe zugrunde legen, wenn er die Regierung lobt oder tadelt. Einmal im Jahr soll der Bundeskanzler vor dem Deutschen Bundestag einen Bericht

zur Lage der Nation abgeben, in dem sie oder er zu den Empfehlungen der Sachverständigen Stellung nimmt.

(24) Fortschritt ist der Weg vom Wachstum zum Wohlstand. Nachhaltiger Wohlstand für eine größtmögliche Zahl von Menschen ist das Leitbild einer progressiven Ökonomie. Sie braucht eine neue Generation von Wirtschaftsaußenpolitikern und Internationalisten. Denn sie verbindet nationale Standortpolitik mit europäischer und internationaler Ordnungspolitik.

Zur Autonomie des Menschen

(25) Die bürgerliche Moderne ist noch eine Möglichkeit. Der Bürger aber muss sich neu erfinden, oder er sinkt hinab zum Anachronismus. Die Zeiten ändern sich. Das Bürgertum muss unduldsam werden, will es nicht die Zerstörung seiner Werte hinnehmen, deren historische Auszeichnung es ist, dass sie unverletzt nur gelten, wenn sie allen etwas zu sagen haben. Bürgerlich sein in dieser Zeit hieße also nicht kalte Distinktion, Zynismus und Unberührbarkeit in der Beletage einer wiederkehrenden Klassengesellschaft. Es hieße, Selektion und Privileg als Gegensatz zum universellen Freiheitsrecht wieder erkennen und Gerechtigkeit neu buchstabieren lernen. Verteilungsgerechtigkeit ist nicht gestrig. Sie erinnert daran, dass wir keine unentrinnbar zum Scheitern verdammten Biografien hinnehmen. Aber sie muss sich im Erfolg beweisen. Verteilung muss mit aller Konsequenz der Chancengleichheit dienen.

(26) Freiheit verträgt es nicht, in Bevormundung erstickt zu werden. Sie war nie Einsicht in die Notwendigkeit, sondern notwendige Uneinsichtigkeit. Sie ließ sich nie brechen, beschwichtigen, narkotisieren oder zwangskollektivieren. Sie ist das Prinzip der Unruhe und der Suche nach dem Besseren.

(27) Die Selbstbestimmung des Menschen ist das Ziel guter Politik.

Die Zukunft der Aufklärung und die Parteien des Fortschritts

(28) Das Programm der Aufklärung ist mehr als 200 Jahre alt. Es prägt die unabgeschlossene Epoche der Moderne. Sie formuliert ein unüberholt gültiges Versprechen für die Zukunft: Das gleiche Freiheitsrecht allen Menschen. Es ist seiner Wiege im Nationalstaat entwachsen. Die in der zusammen gezwungenen Welt, in der keiner mehr abgeschottet leben kann, immer wieder erneuerte Kritik der kulturellen Bevormundung liegt nicht darin begründet, dass die Autonomie des Menschen keine universelle Norm ist, sondern darin, dass ihre Geltung den weniger Mächtigen verweigert wird. Die Zukunft der Aufklärung liegt im Kampf um die internationalen Ordnungen von Freiheit und Gerechtigkeit.

(29) Die Zerstörung der Demokratie ist kein Schauermärchen. Wo amorphe Mächte eines IT-getriebenen Kapitalismus dominieren, schwinden Nachvollziehbarkeit und Legitimierbarkeit von Entscheidungen. Der Widerstand dagegen ist gewachsen. Doch er hat keine Form gefunden. Zu einem Teil verzehrt er sich in ziellosen Dauerdiskursen und kompensatorischen Gewaltfantasien, die so schnell zerfallen wie sie entstehen. Zum anderen Teil klammert er sich an einen Exekutivetatismus, der, ob von links oder rechts, wenig Hoffnung weckt, denn er ist kein demokratisches Projekt für das 21. Jahrhundert. Löst dieser sich von der parlamentarischen Kontrolle in den Nationalstaaten und etabliert gesichtslose internationale Exekutivapparate, facht dies den nationalen Populismus nur weiter an. Der politische Neuanfang muss die Netzwerkökonomie dezentrierter Wertschöpfung und multilateraler Arbeitsbeziehungen verstehen. Autonomiegewinn und Rechtlosigkeit finden gleichzeitig statt. Dagegen gilt es zuallererst, Eigentum und Abhängigkeiten öffentlich transparent zu machen. Die progressiven Parteien stehen also überall für Informations- und Redefreiheit. Dann wissen sie: Ohne solidarische Zusammenschlüsse können Autonomiegewinne nicht

gesichert werden. Progressive unterstützen deshalb überall die Vereinigung in Genossenschaften und Gewerkschaften, die Eigentum, Erwerbschancen und Mitbestimmung für eine große Zahl von Menschen möglich machen. Sie beteiligen sich nicht an der Parteienverachtung. Denn politische Assoziationen sind das Mittel, um ökonomischen Asymmetrien der Macht zu begegnen. Die Parteien des Fortschritts verteidigen und erweitern vielmehr die Macht von frei und gleich gewählten Parlamenten auf allen Ebenen. Sie kämpfen überall für gleiche Bürgerrechte. Sie sind liberal, ohne die sozialen Frage zu scheuen. Sie sind links, weil sie auf die Freiheit setzen.

(30) Der Linksliberalismus ist die nicht genannte und unausgeschöpfte Möglichkeit der Politik.